인생 리셋하고 싶을 때 읽는 심리학

지금과 다른 삶이 가능하다면

인생 리셋하고 싶을 때 읽는 심리학 ──────

지금과 다른 삶이 가능하다면

"지금부터는 타인의 시선에서 벗어나
온전한 나로 살겠습니다"

폴커 키츠·마누엘 투쉬 지음
홍성광 옮김

포레스트북스

우연히 일어나는 일은 아무것도 없다

하루의 길이는 그대로지만 해마다 해야 하는 일의 양이 늘어나고 있다. 타인과 성과를 통해 평가받고 경쟁하며 퍽퍽한 하루하루를 살아가고 있다. 당신보다 더 나은 사람과 비교하면서 더 완벽하고, 잘 해내야 하고, 성공해야 한다는 강박에 시달리면서 말이다.

그런 것에서 벗어나 행복하게 살고 싶다는 생각이 든다면, 그래서 이 책을 읽기 시작한다면 우리가 제시하는 것들을 의심의 눈초리로 계속 따라가 주길 바란다. 사실 우리는 사회의 잘못된 부분을 바로잡기 어렵다는 것을 알고 있다. 그렇기 때문에 사회가 아닌 당신의 마음을 변화시킬 것이다. (사회를 변화시키는 것보다는 빠르다.) 물론 당신 스스로 변화하고 싶다는 마음이 있어야만 가능하다. 그러나 우리는 당신이 이 책을 산 이유를 잘 알고 있다. 당신은 아마도 지금과 다른 삶을 살고 싶어 이 책을 살지 말지 고민을 하는 끝에 결국 구매에 성공했을 것이다.

우리는 이 책을 통해 당신에게 가는 길을 발견하게 되어 진심으로 기쁘다. 당신이 이 책을 구매한 건 절대 우연이 아니다. 이 책을 통해 당신의 운명이, 당신 인생의 목표가 달라질 것이다.

축하한다!

당신은 당신의 새로운 삶에 막 첫걸음을 내디뎠다. 이 책과 계속 앞으로 향하길 바란다!

우리는 당신과 함께 길을 가게 될 날을 손꼽아 기다리고 있었다.

폴커 키츠 & 마누엘 투쉬

차례

2장. 삶이 계속해서 힘든 이유

3장. 행복은 꿈이지만 고통은 현실이다

제2부 나는 나답게 살기로 했다

8장. 이제부터 자유롭게 살 수 있다

9장. 갈등이 일으키는 파멸

10장. 이상하게 생각하지 않는다

11장. 내 삶을 사랑하는 방법

12장. 나답게 사는 연습을 시작하다

제1부
당신의 삶이 조종당하고 있다

1장.
지금 당신은 행복한가?

지금과 다른 삶이 가능하다면

갑자기 눈을 번쩍 떴다. 눈이 부셨다. 그때 갑자기 흰 가운을 입은 두 사람이 들어오더니 한 사람이 당신을 내려다보며 "기억력을 완전히 상실했습니다."라고 말했다. 다른 사람은 좀 더 사무적인 말투로 "길에서 갑자기 의식을 잃었습니다."라고 했다.

"이유는 알지 못합니다." 첫 번째 남자가 말했다. "두 달째 혼수상태로 누워 있다가 지금 깨어나신 거예요. 자신에 대해 아무것도 기억하지 못할 거예요. 유감스럽게도 아무런 소지품도 발견하지 못했습니다."

당신은 자리에서 일어나 병원에서 나간다.

자, 이제 무엇을 해야 할까?

세상에 당신이 아는 사람은 아무도 없다. 당신은 어떠한 규칙이며 예의범절, 이력을 쌓게 도와줄 안내서, 어떠한 습관이나 관례도 알지 못한다. "그런 일은 그렇게 한다"라든가 "사람들이 대체 무슨 생각을 하는지?"도 알지 못한다.

혹시나 하는 마음에 상의 주머니를 살펴본다. 거기엔 아무것도 없다. 페이스북 접속 날짜라도 저장되어 있을지도 모를 스마트폰도 없다.

사람들이 당신에게서 무엇을 보고 들으려고 하는지, 주변 사람들이 당신에게 무엇을 기대하는지 전혀 알지 못한다.

자, 이제 당신에게 남아있는 것은 무엇인가?

당신이 기댈 곳은 당신 자신밖에 없다. 당신은 행동을 멈추고 귀 기울인다. 당신의 가슴에서 나오는 소리에.

그것이 당신에게 말을 거는 유일한 목소리다. 그것은 당신의 욕구이자 소망이고 당신의 유일한 행동 자극이다. 이러한 욕구와 소망은 당신의 내면 깊은 곳에서 나온다.

거리에 과자와 음료수를 파는 가판대가 보인다. 지나가면서 과일이나 브랜디 등을 넣은 초콜릿을 한 움큼 집어 든다. '음, 정말 맛있다!'

강가를 지나가면서 잠시 풀밭에 누워 햇볕을 쬔다. 피부에 닿는 햇볕의 감촉이 참으로 따사롭게 느껴진다. 거리를 계속 지나

치다가 당신은 바닥에 떨어진 분필 한 조각을 발견하고 아스팔트 위에 무언가를 즉흥적으로 그리기 시작한다. 제법 큰 그림을 그렸는데, 당신은 그것이 무엇인지 정확히 알지 못한다. 마음 가는 대로 손이 따라서 움직인 것일 뿐.

당신 주위에 점점 더 많은 사람이 모인다. 사람들은 서로에게 작은 소리로 속삭이며 알겠다는 듯이 고개를 끄덕인다. 당신 앞의 땅바닥에 동전을 몇 개 놓는 사람도 더러 있다. 당신은 갑자기 어두워지는 것을 깨닫지 못한다. 온종일 당신은 거기서 그림을 그렸다. 당신은 정말 멋진 그림이라고 생각한다. 그러고 나서 늘 그림을 그리고 싶다는 생각을 한다. 그림을 그릴 때 시간이 아주 빠르게 흘러간다. 시계가 굳이 필요한 건지 모를 정도로.

갑자기 어떤 사람이 사람들 틈을 헤집고 당신에게 달려들며 이렇게 말한다.

"드디어 당신을 찾았군!" 초콜릿 가판대의 주인이 소리친다. "돈을 안 내고 그냥 가져가면 안 되지! 어서 돈 내놓으라고!"

두 사람은 서로 마주 보며 대치하고 있다. 볼만한 광경이다. 당신은 빚을 갚기 위해 바닥에서 동전 몇 개를 집어 들면서 낯선 남자를 유심히 쳐다본다. 깨어나서 처음으로 제대로 눈을 맞춘 사람이다.

당신은 저녁 시간을 낯선 남자와 강가에서 함께 보낸다. 초콜릿 가판대의 주인은 브라질 출신으로, 그는 자신과 자기 가족 이야기를 들려준다. 마음이 맞은 두 사람은 독일의 남쪽에서 살아가기 위한 계획을 함께 세운다. 자신의 아틀리에와 함께 초콜릿을 만드는 조그만 작업장을 만들고, 크고 작은 많은 동물을 키우면서 말이다. 두 사람 모두 동물을 사랑한다는 것을 발견한다.

두 사람은 다음 날 아침이 될 때까지 계속해서 이야기를 나눈다. 그런데 갑자기 누군가 당신들 앞에 나타나 믿을 수 없다는 듯 두 사람을 쳐다보며 소리친다.

"세상에, 대체 어디 있었던 거예요?"

그녀는 두 사람을 끌고 어떤 집으로 데려간다.

당신은 그녀와 12년 전에 결혼한 사실을 알게 된다. 또한 당신은 학교에서 그림을 무척 잘 그려서 대학에서 그래픽 디자인을 전공하려 했다는 사실도 알아낸다. 그러나 주변 사람들의 반대로 결국 당신은 경영학을 전공했다.

당신의 명함에는 IT 콘체른 기업의 "글로벌 판매 전략 업무 담당 부사장"이라고 적혀 있다. 그녀가 흥분해서 말한다. "45세가 되기 전에 다국적 기업에서 그런 자리에 오른 사람은 여태 아무도 없었어요. 부사장이 여럿 있고, 전무도 그중 하나지만, 당신은 부사장이었어요. 이를 자축하기 위해 당신은 최근에 이 롤렉스 시계를 샀어요. 부사장이 된 후부터 전보다 일찍 출근했다고요."

당신은 낡은 사진첩을 넘기며, 스스로 어떤 사람인지 소용돌이 치는 혼란을 느낀다. 계속해서 기억을 되살려주려는 듯 그녀는 말을 이어간다.

"당신은 다른 세계의 사람에게 잠시 흔들린 것뿐이에요. 둘이 베네수엘라에 가서 예술가 농장을 세우겠다고요? 말이 되나요? 여기 이 사람은 그저 시장에서 과일을 파는 사람이라고요. 이제까지 당신이 만난 사람들과는 수준이 달라요."

이때 당신의 아내가 자신의 명함을 당신 코앞에 놓는다. 거기에는 '총지배인'이라고 적혀 있다. "나는 장사가 잘되는 레스토랑을 운영하고 있어요"라고 자랑스럽게 말한다.

당신은 이전 삶에 대해 보다 많은 것을 알게 된다. 약 10년 전부터 당신은 모든 햇빛을 피해다녔다. 어떤 잡지에서 햇볕이 피부를 너무 빨리 노화하게 만든다는 것을 읽은 후부터였다고 한다. 스시 대신 단 것을 좋아했던 당신은 친구들에게 놀림을 받은 이후로 더 이상 초콜릿을 먹지 않게 되었다고 한다. 지난해 애완동물을 키우려고 했지만, 거실에 고가의 디자이너 소파가 있어서 결심을 접었다고 한다.

삶을 변화시키는 생각 실험

가슴에 손을 얹고 솔직히 말해보자. 당신이 갑자기 기억력을 상실하게 된다면, 그 결과 이전 삶의 모든 의무와 책임감을 상실한다면 어떻게 할 것인가? 그러한 삶은 당신의 지금 삶과 어떤 차이가 있을까?

우리는 현대 사회가 자유로운 사회라고 생각한다. 그러나 실은 강박, 의무, 책임감으로 가득 차 있는 사회다. 지난 수십 년 동안 그런 부담은 줄어들지 않고 오히려 늘어났다.

사람들 대부분 다른 사람의 기대를 충족시키지 않아도 된다면 스스로 자신의 삶을 극적으로 변화시킬지도 모른다. '내가 원하는 것이 무엇인지'를 스스로 물어보며 답할 것이다. 우리는 종종 주변에서 과감하게 옛 삶을 내려놓고 새로운 길을 가는 사람들의 이야기를 듣는다. 아무도 알지 못하는 삶을, 아무도 그들에게 무언가를 기대하지 않는 삶을 말이다. 그들은 자유로운 삶을 시작하는 이들이다.

당신은 현재 자신의 삶과 좀 다르게 살아가고자 하는 사람인가? 혹시 다음과 같이 생각하지 않는가?

- 학교만 졸업하면 자유로운 삶이 시작될 거야.
- 원하는 대학에 합격하면 더 이상 이렇게 살지 않겠어.
- 취업에 성공해 안정되면 남들처럼 살 수 있겠지.
- 다이어트에 성공하면 그때부터 진짜 나로 살 거야.
- 결혼하면 새 삶을 꾸릴 수 있겠지.
- 3억만 모으면 그때부터 내 삶은 달라질 거야.
- 은퇴를 하면 나만의 삶이 시작될 거야.
- 내 집을 장만하면 마음 놓고 살 수 있겠지.

당신에게는 이미 좋은 직업, 좋은 친구들, 착한 자녀들, 상당한 돈이 있을지도 모른다. 그런데도 몇 년 전부터, 어쩌면 수십 년 동안 '드디어 내 삶이 시작될 날'을 무턱대고 기다려왔는지도 모른다.

어릴 적엔 아무런 걱정도 부담도 없었다. 서너 살이었을 때,

끝없이 꼼지락거리며 무언가를 하려 했던 그때를 떠올려보자. 엄마가 감춰둔 초콜릿을 찾으려고 얼마나 애를 썼는지 모른다. 그 순간에 당신은 자신이 무엇을 원하는지, 무엇을 하려는지 아주 정확히 알고 있었다.

이러한 소망은 당신의 마음을 강력한 에너지로 채워주었고, 그것은 부드럽지만 힘찬 어린 시절의 원동력이었다. 원하는 것을 이루지 못할 때면 종종 부모님이 무척 창피할 정도로 큰 소리로 오랫동안 울기도 했다. 집이나 길거리, 유치원이나 슈퍼마켓 계산대, 다른 사람들 앞에서 말이다. 어떻게 해서든 초콜릿을 먹겠다며 집을 온통 어질러 놓고 그것을 찾으려고 난리를 쳤다. 그리고 결국 그것을 찾아서 먹었다.

당신에게는 종종 금지나 반대에 맞서 스스로 마음을 채웠던 열망이 있었다. 그렇게 당신은 자신의 힘으로 무언가를 이루었다는 마음에 행복했다.

당신이 무엇을 원하든 그건 중요하지 않다

"나의 가장 큰 소망은 되도록 많이 세상을 돌아다니는 것이다. 어릴 적에 나는 가끔 몇 시간이고 반짝이는 지구본 앞에 앉아 다른 먼 세상은 어떤 모습일지 상상하곤 했다. 지금도 사실 그런 생각이 변하지는 않았다. 지금 나는 인터넷 서핑을 하며 먼 세계를 꿈꾼다. 하지만 실제로는 날마다 창밖을 바라보며 회색 사무실에 앉아 있다." _카트린(27세, 텔레콤의 조정실 직원)

"나는 현재 아내와 이혼해 두 아이와도 자주 만나기 힘들다. 내가 생각하는 이상적인 삶은 내게 의미 있는 많은 사람과 큰 농장에서 함께 사는 것이다. 일종의 콤뮌에서 아이와 동물들과 함께. 화가와 조각가로 창조적인 활동을 하면서. 하지만 실제의 나는 프랑크푸르트의 집에서 혼자 살면서, 주로 이름과 숫자를 가지고 일한다. 사람들은 모두 내가 크게 출세했다고 말한다." _세바스티안(41세의 이혼남, 광고 회사의 회계 주임)

"나는 어린 시절부터 종이에 이야기를 적어 직접 책을 만들었다. 다른 아이들이 시장 놀이할 때 나는 책방 놀이하면서, 내가 만든 책을 서가에 정리했다. 나는 작가가 되고 싶었지만, 우리 법조인 집안 전통을 따라야만 했다." _엘레나(32세, 변호사)

성인이 되고 나서는 무슨 일을 두 번이나 세 번 시도하는 일이 줄어들었다. 일이 잘되지 않으면 좌절하여 포기해버리고는 대체로 다시 시도하지 않는다. "그 일은 무의미해"라고 자신에게 말한다. 하지만 우리는 어릴 적 걸핏하면 넘어졌다. 번번이 넘어질지도 모른다고 느꼈기 때문에 자꾸만 다시 일어나서 새로 시도했다. 두 번쯤 넘어져 아프다는 것을 경험한 후에 그것은 의미 없다고 결정했더라면, 당신은 결코 걷는 법을 배우지 못했을 것이다. 지금도 울타리를 쳐놓은 유아용 놀이 공간에 앉아 있을지도 모른다.

오늘날에도 종종 걷는 법을 배울 것인가 또는 여생을 유아용 놀이 공간에서 보낼 것인가 하는 상황에 직면한다. 당신은 걷는 법 배우기를 임의의 다른 소망으로 대체하기만 하면 된다.

삶의 어떤 영역에서 여전히 놀이 공간에서 죽치고 있는지도 모른다. 스스로 그런 소망을 쫓아버렸다는 사실을 깨닫는 것 자체가 고통스러울지도 모른다. 하지만 어떤 꿈도 다시 시작하기에 너무 늦은 것은 없다. 그리고 걷는 법을 배우는 것도 마찬가지다. 우리는 이 책에서 당신이 한걸음 옮기는 데 도움이 될 만한 것을 소개하려고 한다.

자신의 소망을 스스로 인식하고 자신의 힘으로 실현한다면 진정한 행복감을 맛본다. 어릴 적에 결국 초콜릿을 얻어냈다면, 현재 직장에서 한 명의 중요한 새 고객을 얻을 수 있다면, 저녁에 맛좋은 음식을 준비한다면, 정원에 토마토를 심어 정성스레 키운 다음 상큼한 향기가 나는 토마토를 수확한다면, 방을 청소해서 흡족한 기분으로 그 결과를 지켜본다면, 직접 멋진 그림을 그려서 소파 위에 걸어놓는다면, 그런 행복감을 맛볼 수 있을 것이다.

심리학에는 이런 경험을 '자기 효능감'이라 부른다. 자기 효능감이란 자신의 행위로 무언가를 실현할 수 있고, 자신의 삶과 환경을 스스로 통제하고 바꿀 수 있음을 체험하는 것이다. 또한 자기 효능감은 행복한 마음과 자신감을 준다. 그런 경험을 통해 스스로 적극적으로 행동하는 사람, 살아 있는 삶의 주체로 느낄 수 있다. 그것은 성취하는 삶, 만족하는 삶에 이르는 열쇠다. 반면 자신을 외부의 영향이나 외적인 강박의 희생자로, 수동적이고 피동적인 존재로 여긴다면 당신은 불행해질 것이다.

어릴 적에 당신은 훨씬 자주 자기 효능감을 경험했다. 성인이 되고 나서도 당연히 그런 경험을 하지만, 유감스럽게도 예전만큼 그리 자주 경험하지는 못한다. 살아가는 동안 주위 사람들이 점점 더 자주 당신이 해야 할 일을 말해주기 때문이다. 그들은 당신에게 특정한 규칙이 있음을 가르친다. 먼저 가정에서, 유치원에서, 학교에서 그리고 직장 생활에서, 여가 시간에, 부부 생활에서도 그러하다. 어릴 때 초콜릿을 먹으려고 할 때면 아마 "초콜릿은 몸에 좋지 않다"는 말을 듣게 되었을 것이다. "난 그래도 초콜릿을 먹을 테야!"라고 소리쳤다면, 삶을 점점 변화시키는 다음과 같은 말을 듣게 되었을 것이다.

"네가 무엇을 원하든 그건 중요하지 않아!"

모든 일에는 수천 가지 가능성이 있다. 당신의 삶은 어쩌면 활동으로 가득 차 있을지도 모르고, 피상적으로 볼 때 당신은 모든 것을 아주 잘 제어하고 있다. 하지만 진짜 정직하게 말한다면,

조용한 순간에 스스로 자신의 삶을 곰곰 생각해본다면 대부분 '이건 상상했던 삶이 아니야'라고 종종 느낄 것이다.

이제 사람들은 "그렇게 하는 게 아니야" "그래서는 안 돼" "그건 할 수 없는 일이야"라는 말을 어릴 적 부모님이나 선생님이 그랬던 것처럼 그렇게 분명하게 하지 않는다. 그렇지만 현대 사회는 당신의 삶을 단단히 옭아매는 강박이라는 시계를 당신에게 안겨준다. 이러한 문장이 당신에게 자꾸만 속삭여서 알려주는 바람에 당신은 그것을 더 이상 깨닫지 못하게 된다.

다음 장에서 우리는 당신에게 그것을 증명해줄 것이다. 당신은 현대의 삶이 얼마나 이상한 곳으로 흘러가는지 알게 된다면, 깨닫게 되는 순간 깜짝 놀랄 것이다.

당신이 "어떻게 지내?"라는 질문에 그냥 아무 이유 없이 자주 "그럭저럭 지내"라고 답하는 진짜 이유를 알게 될 것이다.

'나이답게'가 아닌 '나답게' 살고 있는가?

너무나 많은 강박이 오늘날 사람들의 삶을 조종하기 때문에 당신은 자신의 욕구가 더 이상 좋지 않다는 말을 가끔 듣곤 한다. 많은 사람이 자신과의 관계를 잃어버렸다. 그래서 더할 나위 없이 불행해졌다.

오늘날에도 여전히 자기가 진정으로 무엇을 원하는지 제대로 표현할 수 있는 사람은 드물다. 이러한 일은 오래전부터 있어왔다. 그 점에 관해 한 TV 편집인의 이야기를 들어보자.

언젠가 내 친구의 여자친구인 사라가 내게 전화를 걸었다. 21살인 그녀는 막 신문방송학 공부를 시작했다. 실습 장소를 찾던 그녀는 지원서를 내기 위해 내게 개인적으로 추천서를 써달라고 부탁했다. 나는 기꺼이 그 일을 도와주려고 했다. 나는 그녀가 어디에 지원서를 낼 것인지 물어보았다.

"어느 부서에서 실습하고 싶은데요?"

그녀의 대답은 이러했다. "제 전공을 생각하면 보도 편집, 극영화, 홍보실 같은 부서가 맞을 것 같아요. 마케팅이나 기업 전략도요."

"그래요, 그런 것도 다 괜찮겠네요." 나는 그녀에게 또 물어보았다. "그런데 가장 일하고 싶은 곳은 어디인가요?"

"우린 기초 과정으로 6주간 실습을 해야 해요. 어느 부서에서 일하든 앞으로의 이력에 좋은 스펙이 될 거예요."

"그 말은 알겠는데, 만약 부서를 마음대로 선택할 수 있다면 어디에서 일하고 싶냐고요?"

그러자 한순간 침묵이 흘렀다. 사라는 난처한 모양이었다. 마침내 그녀는 대답하는 대신 자신감이 없이 내게 반문했다. "대체 저에게 그런 질문을 하는 이유가 뭔가요?"

어릴 적 사라는 구사할 수 있는 어휘 수가 얼마 되지 않았을 때 원하는 것을 또렷하게 표현하는 데 아무 문제가 없었다. 그녀의 어머니가 음식을 떠먹여 주려고 하면 "내가 직접 먹을 거야!"라고 완강하게 표현했을 것이다. 하지만 거의 20년이 지나 어휘 구사에 문제가 없는 현재 "원하는 게 뭔가요?"라는 단순한 질문에도 제대로 답변하지 못하고 쩔쩔매게 되었다.

그것은 그녀가 어떤 선택을 해야 할지 알지 못하기 때문이 아니다. (그녀는 직접 선택의 가능성을 적절하게 열거했으니까.) 딱 하나만 선택하지 못했던 것. 그녀는 자신의 학업에 무엇이 적합한지, 시험 규정이 어떻게 되어 있는지, 자신의 이력에 무엇이 좋은지 알고 있다. 그러다가 마지막에 가서 상대방에게 직접 그녀가 듣고 싶어 하는 핵심이 무엇인지 반문한다.

이러한 장면은 유감스럽게도 우리 주변에서 흔하게 볼 수 있다. "왜 이런저런 실습을 했는지 물으면 이렇게 답변이 돌아온다. '어쩌다 하게 됐어요.'"라고 「프랑크푸르터 알게마이네 차이퉁」과의 인터뷰에서 실습 중개 회사praktika.de의 대표 스티브 리델이 말했다.

한번 직접 테스트해보라. 누군가에게 원하는 것이 무엇인지 단도직입적으로 물어보자. 그러면 대체로 앞에서 예를 든 편집인의 경우에서처럼 상대방이 당황해서 어쩔 줄 몰라 할 것이다.

미국의 저명한 코칭 작가인 바버라 셔는 베스트 셀러 『소원을 성취하는 기술』에서 적절하게 지적했다. 그녀는 자기 내면의 "나는 원한다"라는 소리를 가족이나 사회적 통념에 따라 "넌 해야만 한다"로 대체한 사실을 그 책에서 기술하고 있다.

당신이 자신의 진정한 욕구, 진정한 나에게로 가는 길을 잃어버린 이유 중 하나는 가족의 기대가 한몫했을 것이다. 그러나 우리는 바버라 셔의 책에서 몇 걸은 더 나아가 지금 이 사회를 살펴보려고 한다.

자유가 많아질수록 약해지는 것

사회가 어느새 주변에 아주 촘촘한 강박 망을 구축해놓은 바람에 이러한 강박이 당신 삶의 구석구석을 규정하고 있다. 당신은 스스로 원하든 원하지 않든 이런 강박을 받아들이고, 공고히 다지고, 재생산하며 강박에 사로잡힌 생활을 한다.

자유라는 이름 아래 많은 강박이 피어나서 번성한다. 겉으로 보자면 어떤 사회도 오늘날만큼 자유로운 적이 드물었다. 또한, 사람들이 오늘날처럼 개인적으로 생활하고 결단을 내릴 수 있었던 적이 없었다. 이렇게 많은 가능성이 열린 적이 없었고, 당신의 소망과 욕구에 완전히 부응하는 규격에 맞춘 삶을 편성하는 데 이토록 독립적인 적이 없었다. 겉으로 보자면 말이다.

하지만 자유가 강박을 낳았다. 오늘날만큼 자유롭지 못하게 산 적이 한 번도 없었다. 자유가 많을수록 불만족도 커진다는 말이 얼핏 모순처럼 들릴지도 모른다. 그러나 실제로 레스토랑에서도 그런 일이 벌어지고 있다.

인근의 술집에 세 가지 요리만 가능하다고 한다면 어떤 선택을 하든 상관없이 대체로 그 선택에 만족한다. 그런데 중국 음식점에 가서 200가지가 넘는 요리가 있는 메뉴판을 보며 골똘히 생각할 때에는 어떤 선택을 하든 대체로 그 선택에 만족하지 못한다. 아마도 200가지나 되는 휴대폰 요금 중에 하나를 선택해야 할 때도 마찬가지일 것이다.

당신은 모든 것을 잘 살피고 규칙을 제대로 지키기만 했다면 더 완벽한 선택을 할 수 있었을 거라고 확신한다. 이처럼 선택할 수 있는 가짓수가 많을수록 만족도는 낮아진다. 심리학자 배리 슈워츠는 이것을 '선택의 역설'이라 부른다.

수많은 연구 결과가 다음 사실을 증명한다. 자유가 점점 더 많아짐에도 점점 더 불만족스러워진다. 그중 가장 흥미로운 연구는 '여성의 자유와 행복의 상관관계'에 관한 것이다. 펜실베이니아대학의 베시 스티븐슨 교수와 저스틴 볼퍼스 교수는 그들의 연구 논문에서 '여성 행복 감소의 역설'을 밝혀냈다. 여성의 상황이 지난 수십 년 동안 점점 더 개선되었음에도, 지난 시절과 비교해 여성이 훨씬 더 많은 독자성과 선택 가능성을 가지고 있음에도 그들은 더 불만족스럽게 느낀다는 것.

일을 할 때 승진이나 인센티브 등의 가능성을 염두에 두고 유연하게 움직인다. 일을 마친 후에는 자유롭게 능동적으로 여가 시간을 누린다고 생각한다.

하지만 이미 오랫동안 진정으로 자신을 위한 일은 아무것도 하지 않고 있다. 다만 어떤 역할을 수행할 뿐이다. 어떤 행동을 할 때마다 단지 외부의 강박에만 부응할 뿐이라는 사실을, 이미 오랫동안 스스로 진정한 욕구를 느끼지 못하고 있다는 것을 깨닫지 못한다. 이 말을 듣고 '뭘 그렇게까지…' 혹은 '난 잘 모르겠는데요?'라고 생각할지도 모른다. 자신이 그런 모든 구속으로부터 자유롭다고 생각하는가? 그렇다면 지금부터 그 반대임을 입증하겠다.

당신이 지금까지 이 책을 읽었다면 처음에 언급한 '진짜 당신의 삶은 시작되지 않았다'는 대목에 크게 공감했을 것이다. 그렇지 않으면 책장을 계속 넘기지 않았을 것이고, 이런 책을 애당초 손에 쥐지도 않았을 테니까. 당신의 삶이 아직 제대로 시작되지 않았다고 계속 느껴진다면, 그리고 스스로 자신의 인생에 대해 불행하다고 생각한다면 분명 그 이유는, 방금 앞에서 말한 것처럼 당신 삶 자체를 수중에 쥐는 경험, 당신의 욕구와 소망에 따라 삶을 사는 경험, 즉 스스로 행복하게 만드는 자기 효능감의 경험이 당신에게 부족한 탓이다. 그 이유는 당신의 내적 소망이 외부의 강박에 의해 대체되어, "나는 원한다"가 "넌 해야 한다"에 의해 계속해서 파묻혔기 때문이다.

강박증과 관련해 강박이 당신에게 어떤 영향을 끼치는지는 잘 연구되어 있다. 특정한 사고나 행위가 사람들에게 계속 나타나 사람들의 정상적인 사회생활을 침해하는 바람에 이 사람들이 이러한 행위나 사고를 고통스럽게 느낀다면 강박증이라고 할 수 있다. 한 예로 '점검 강박'을 들 수 있다. 어떤 사람이 집을 나섰다가 커피 머신이 정말 꺼져 있는지 점검하기 위해 몇 번이고 집으로 되돌아간다. 정도에 따라 점검 강박은 정상적인 사회생활을 힘들게 하거나 또는 아예 불가능하게 만들기도 한다.

외적인 강박은 그들 스스로 자신의 진정한 욕구를 등한시하게 한다. 좌절을 초래하고 불행하고 불안하게 만든다. 그 결과 강박증에 빠진 사람은 버팀목과 방향 감각을 찾으려 하고, 더욱 심하게 외적인 규칙에 따라 방향을 설정한다. 그로 인해 그들은 자기 자신으로부터 더욱더 소외되어, 그들 자신의 욕구를 더욱 인식하지 못하게 된다. 그들의 결단력은 더욱 약해지고, 더욱더 불안해진다. 더욱 심하게 외적인 규칙에서 버팀목을 찾는다. 그리고 그런 악순환이 다시 처음부터 시작된다.

당신의 삶을 변화시킬 것이다

강박이 당신의 삶을 더 많이 규정할수록 자기 효능감 경험을 더 적게 하게 되고, 그런 만큼 더욱 불행해지며, 더더욱 심하게 움츠러들게 된다. 그러다가 다시 외적인 강박에서 다시 버팀목과 방향 감각을 찾게 된다. 이때 당신을 불행하게 만드는 것은 당신 자신으로부터의 소외다. 강박증을 지닌 사람들의 대다수가 우울증에 시달린다.

더욱이 오늘날 우리 사회 전체가 일련의 강박증에 시달리고 있다고 볼 수 있다. 사회의 강박증은 개인의 생활양식을 침해한다. 하지만 이러한 사실은 눈에 잘 띄지 않는다. 강박증을 진단하는 중요한 기준이 겉으로는 잘 드러나지 않는 개인적인 생활 영역에 속해 있기 때문이다. 5분에 한 번씩 자기 집의 커피머신을 점검하는 사람은 사실 사회적 규범에서 상당히 벗어나 있다. 하지만 이제 현대의 사회적 강박은 진작부터 사회적 규범이 되었다. 이 때문에 강박은 잘 은폐되어 있다. 이러한 은폐가 어떻게, 왜 그토록 잘 이루어지는지 차차 살펴보려고 한다.

이 책은 앞으로 네 가지 문제를 짚어가며 해결 방향을 잡아가려고 한다.

- 첫째, 사회가 씌운 강박을 당신의 삶에서 직업적으로나 개인적으로 내면화하고 있는지 확인한다. 강박에서 자유라는 가면을 벗겨버리고, 오늘날 너무나 자유로운 삶이 얼마나 타율적으로 규정되어 있는지 함께 인식하고자 한다.
- 둘째, 삶을 규정하는 강박의 정체를 확인하고자 한다. 모순되게도 삶을 통제하려고 하면 할수록 더 강박에 취약해진다는 사실도 기억해야 한다.
- 셋째, 오늘날 결여된 것, 즉 당신의 내면, 욕구와의 소통을 회복하게 해준다. 내 마음에서 진정으로 원하는 것을 느끼는 법을 배운다. 그리고 '내가 무엇을 원하는가' 하는 것이 삶의 모든 것을 결정하는 중요한 문제임을 다시 배운다.
- 넷째, 새로 발견되는 자신의 욕구와 소망을 토대로 자신만의

삶을 직접 설계한다. 욕구마다 그것을 충족하는 아주 다양한 방법이 있다는 것을 알게 될 것이다. 어릴 적 비가 오는 날이면 밖에서 세발자전거를 탈 수 없어서 당신은 자신이 무엇을 원하는지 알면서도 좌절할 수밖에 없었다. 어른이 된 지금 스스로 이러한 바람 뒤에 숨은 욕구를 자세히 찾아보고 다양한 방법으로 충족할 수 있다.

삶이 조종당할 때 확인해야 할 두 가지

강제는 '직접 강제'와 '간접 강제', 이렇게 두 가지가 있다. 신체에 직접 영향을 주는 강제를 직접 강제라 한다. 이것은 당신이 어떤 일을 하거나 또는 하지 않도록 영향을 끼친다. 몇 가지 예를 들어보자.

- 누군가 당신을 어떤 방에 가둔다.
- 누군가 당신의 칵테일에 수면제를 탄다.
- 당신이 유언을 쓰는 동안 누군가 당신의 손을 잡고 이끈다.
- 누군가 당신에게 수갑을 채우고 요가 강좌에 끌고 간다.

이런 종류의 강제를 우리는 '절대적 폭력'이라고도 부를 수 있다. 그렇지만 이런 강제가 당신의 의지를 바꾸게 하지 않는다. 갇힌 사람은 계속 그 공간에서 벗어나려 할 것이고, 정신이 몽롱해진 사람은 일어서려 할 것이고, 유언 작성자는 다른 상속인으로 바꾸려 할 것이며, 요가 강좌에 간 사람은 그곳에서 빠져나오려고 할 것이다.

만약 당신이 그러한 강제의 희생자라면 당신의 의지는 아무런 영향을 받지 않는다. 다만 그 의지를 더 이상 실현할 수 없을 수 있다. 그러므로 직접 강제는 의지 실현에 대한 간섭이다. 즉 당신은 당신의 의지에 반해 행동한다.

직접 강제는 두 가지 행위로 완수된다.

강제 실행 = 신체적 영향

↓

강요된 행위

간접 강제는 이와 전혀 다르게 실행된다. 당신의 의지를 비켜서 우회로로 간다. 그것은 당신의 의지를 변화시킨다. 간접 강제는 당신이 특정한 방식으로 행동하거나 혹은 행동하지 않으면 누군가가 당신에게 불이익을 주겠다고 위협한다. 예를 들면 이렇게 볼 수 있다.

- 당신이 혼자 친구들과 만나려고 하면 당신의 연인은 당신에게 사랑을 주지 않겠다고 위협적인 말을 한다.
- 당신이 어떤 친척을 주상속자로 정하지 않으면 그 친척은 당신이 늙었을 때 당신을 돌보지 않을 것이다.
- 당신이 팀에서 혼자만 요가 강좌에 참석하지 않는다면, 어떤 여자 동료가 당신을 비웃는다.

당신은 자신의 본래 의지를 원칙적으로 실현할 수 있다. 누군가 당신에게 요구하는 것과 달리 결단을 내릴 수도 있다. 그럴 때 당신에게 안 좋은 일이 생기는 것을 감수한다. 연인을 두고 친구들을 만나러 간다면 당신의 연인은 당신을 다시 보지 않겠다고 선언한다. 당신이 유언장에 친척을 넣지 않으면 당신이 늙었을 때 아마 다른 요양 시설을 알아봐야 할지도 모른다. 당신은 요가 강좌에 가지 않겠다고 결심할 수 있지만 그럴 경우 그 여자 동료에게 무시당할 각오를 해야 한다.

그러나 만약 당신이 요가 강좌에 간다면 불이익이 닥치는 것을 피하기 위해 의식적으로 결단한 것이다. 스스로 의지를 바꾼 셈이 된다.

간접 강제를 당하면 당신은 결코 당신의 의지에 반해 행동하지 않고 항상 당신의 의지에 따라 행동한다. 위협을 받는 일이

나쁘면 나쁠수록 당신은 어떤 자유로운 의지를 형성하거나 그 것을 고수하는 데 더욱 제한을 받게 된다. 변화된 의지는 당신이 강제를 받지 않았으면 가졌을지도 모르는 당신의 원래 의지와 더 이상 부합되지 않는다. 그러므로 간접 강제는 당신의 의지 형성에 대한 간섭이다. 그것은 당신의 의지를 변화시킨다.

간접 강제는 세 가지 행위로 완수된다.

강제 실행 = 불이익을 주겠다는 위협

↓

의지에 영향을 끼침

↓

불이익이 닥치는 것을 피하겠다는 의식적인 결단

↓

강요된 행위

직접 강제는 의지를 꺾어버리고, 간접 강제는 의지를 휘게 한다. 우리는 이 책이 당신을 강박으로부터 해방시켜준다고 약속했다. 그럼 당신이 성공적으로 강박에서 벗어났다는 것을 대체 무엇으로 알 수 있을까?

당신이 두 가지 도표에서 각기 마지막 단계인 강요된 행위를 피할 수 있다면. 원래 자신의 의지를 그대로 유지하거나, 스스로 의지대로 실행한다면 강박에서 벗어났다고 할 수 있다. 두 가지 단계 중 하나에서 강제의 경로를 돌파함으로써 강박에서 벗어날 수 있다.

아쉽지만 이 책에서 신체적 강제에 관하여 직접 도와주기는 어렵다. 신체적 강제에서 벗어나려면 당신은 강제 자체의 근원을 제거해야만 한다. 예를 들어 신체적으로 저항하거나, 강제의 근원인 누군가 당신 주위에서 사라지도록 애쓸 수 있다. 신체적 강제는 유감스럽게도 당신이 생각하는 이상으로 만연해 있다. 만약 당신이 그런 일을 당하게 된다면 반드시 전문가에게 도움을 요청해야 한다.

대체적으로 신체적 강제보다 간접적 강제에 훨씬 더 빈번하게 노출되어 있다. 사람이라면 누구나 간접적 강제에 시달리고 있다고 주장한다! 우리는 당신이 그렇게 살아가는 것을 저지한다. 당신은 이 책을 통해 이런 강제에서 벗어날 수 있을 것이다!

조금 떨어져서 당신의 삶을 바라보자

두 번째 단계를 시도해볼 수도 있다. 간접적 강제의 경우 불이익이 닥치는 것을 피하기 위해 의식적으로 당신의 의지를 변화시킨다. 하지만 당신은 원래 의지를 고수할 수도 있다. 마음속으로 저울질하면서 결단을 내릴 수도 있다. 불이익이 닥치는 것을 감내하는 것과 강요된 행위 중에 어떤 것이 더 나쁠까? 원래 하고 싶은 생각이 없는데도 저녁에 스스로 요가를 하며 괴로워하는 것과 봉지에 든 과자를 먹으며 저녁 시간을 보내다가 다음날 동료의 동정 어린 눈초리를 견디는 것 중 어떤 것이 더 나쁠까?

철학자이자 자유사상가인 라인하르트 K. 슈프렝어는 『내 인생 나를 위해서만』에서 '대가 비교'라는 말로 냉정하게 다음 사실을 지적한다.

인간은 계속 여러 대안 중 하나를 선택하고 대가를 비교한다. 당신을 매일 화나게 하는 사장한테 사표를 내는 대가가 무엇일까? 마침내 꿈을 실현하고 뉴질랜드로 이민 갈 것인가? 그러면 직장에 계속 다니는 대가가 무엇일까? 모든 결단은 냉정한 대가 비교로 수렴된다. 당신이 하나의 대안을 선택하기로 결단을 내릴 때 당연히 나머지는 포기해야 한다. 슈프렝어는 이러한 사고를 처음부터 끝까지 한결같이 밀고 나간다. 자기 자녀에 대한 책임을 근거로 내세우며 아버지나 어머니의 입장에서 스트레스를 하소연하는 사람에게 슈프렝어는 "책임은 선택 가능하므로 원하지 않는 책임은 이행하지 않아도 된다"고 잘라 말한다.

다시 처음으로 돌아가 강제의 근원에 대해 생각해보자. 강제 자체를 제거함으로써 간접적 강제로부터도 벗어날 수 있다. 당신이 특정한 방식으로 행동하지 않을 때 누군가가 불이익을 주겠다고 당신에게 위협을 가함으로써 간접적 강제가 생긴다.

당신은 이러한 강제를 어떻게 제거할 수 있을까? 불이익에 두려움을 느끼면서 말이다! 그 불이익이 아마도 결코 일어나지 않을 환영임을 인식한다면 여기서 벗어나는 일은 생각보다 쉬울 것이다. 예컨대 요가 강좌에 가는 것을 단호히 거절해도 큰일이 나지 않는다는 것을, 홀로 보낸 저녁시간에 대해 동료는 그다지 관심이 없다는 것을 확신한다면, 그래서 당신이 원하는 대로 한다면 이러한 '강제 상황'은 바로 신기루처럼 사라질 것이다. 그러면 더 이상 대가를 비교할 필요가 없다.

먼저 당신 주변에 있는 이러한 간접 강제 상황에 눈을 떠야 한다. 앞에서 말한 것처럼 현대의 많은 강제가 자유라는 의미와 함께 온다는 것을 이미 확인했다. 하지만 슬프게도 이러한 자유를 제대로 지각하지 못하고 있다! 당신의 삶에서 당신이 많은 일을 행하는 까닭은 그것이 사회 규범에 맞다고 생각하기 때문이다. 그 규범에서 벗어나는 행동을 할 경우 사회로부터 벌을 받는다는 것이 상식이다. 이러한 규범하에 반사적으로 살아가는 탓에 삶이 얼마나 타율적으로 조종되는지 전혀 깨닫지 못하고 있다.

우리는 현대사회의 다양한 강박과 강제 스트레스에 대해 살펴보려고 한다. 그것에 지배받는 삶이 얼마나 어리석은지, 그러한 강박은 어떻게 생겨났는지, 어떤 결과를 초래하는지, 어떤 일이 발생할지에 대해 말이다. 또 하나 간과해서는 안 될 것은 많은 강제와 제한이 직장생활에서 시작됐고, 거기서 그것이 장려되고 키워지고 보호받다가 결국 개인생활에까지 넘쳐흐르게 되었다는 사실이다.

다음 장에서는 쳇바퀴를 돌리는 다람쥐 같은 당신의 삶을 한 발짝 떨어져서 보게 될 것이다. 어쩌면 당신은 실소를 금치 못할 것이다. 마치 자신이 한 편의 서커스 공연을 하는 주인공 같다는 생각이 들 테니까.

그러나 너무 낙담할 필요는 없다. 자신이 얼마나 타인의 규범에 지배되고 있는지, 그런데 그 규범이 얼마나 불합리하고 부당한지 제대로 인식할수록 그만큼 앞으로 좋아질 가능성은 높다.

가령 당신이 238시간의 초과근무를 미루지 않아도

당신이 진홍색의 최신 립스틱을 가지고 있지 않아도

당신의 자녀가 배 속에서부터 중국어를 배우지 않아도

당신에게 아무런 불이익도 닥치지 않는다는 것을 문득 깨닫게 될 것이다.

자, 이제부터는 어딘가 익숙하고, 만난 적 있는 사람들의 이야기를 들려주려고 한다. 잘 들어보길 바란다.

2장.
삶이 계속해서 힘든 이유

매년 하루가 2시간씩 줄어든다

당신에게 신기한 물건이 있다면, 어떻게 할 것인가? 그것은 하루를 점점 더 짧아지게 만든다. 매년 하루를 2시간 정도 짧아지게 하는데, 6년 후에는 하루가 지금의 절반에 불과하게 된다. 12년 후엔 4시간밖에 되지 않는다.

하루 일과, 즉 일어나서 아이들을 등교시키고, 출근해서 일하고 밥을 챙겨 먹고, 친구를 만나고, 집안일을 하고, TV를 보고, 잠자는 행위는 그대로 유지된다.

그러므로 당신은 하루를 사는 동안 당신의 성과를 계속 높여야 한다. 12년 후에는 하루에 처리하는 모든 일을 문자 그대로 순식간에 해치워야 한다. 말이 안 된다고 생각하는가? 실현 불가능할 것 같은가?

그러나 당신은 이미 오래전부터 이런 신기한 일을 해왔다. 하루의 길이는 그대로지만, 같은 시간에 해야 하는 일의 양은 점점 늘어난다.

끊임없이, 해마다, 날이면 날마다. 그 영향은 같다. 언젠가, 당신이 계산해낼 수 있는 어느 시점에 가면 당신은 오늘날 하루에 처리하는 모든 일을 문자 그대로 순식간에 해치워야 할 것이다. 그 신기한 물건은 '직장'에 관련된 곳에서만 작동했었는데, 지난 수십 년 동안 가정이나 여가 생활에도 그 영향력을 확장하고 있다.

105퍼센트의 노력만이 자리를 지킨다

"내가 이곳에서 처음 근무를 시작했을 때 새로운 직원을 환영하는 행사가 있었다. 우리는 서로에 대해 알기 위해 함께 게임을 했다. 각자 돌아가면서 '종이쪽지'를 한 장씩 받아들고는 특정한 전제 조건을 충족시키는 새 동료, 예를 들어 벌써 기업을 설립한 적이 있는 동료, 특허권이 있는 동료, 외국에서 더 오래 산 동료를 찾아야 했다. '정상적인 사람'인 나는 왠지 그 자리에 꽤나 부적합하다는 느낌이 들었다." _케르스틴(28세, 출판사 편집자)

오랫동안 고용주와 근로자 사이에는 암묵적인 합의가 있었다. 업무 시간을 지키는 사람은 좋은 평가를 받고 존중을 받는다. 믿음직한 직원으로서, 더욱이 고용주의 신뢰를 받을 수 있었다. 자신의 일을 믿음직하게 해치우는 사람은 자신의 일자리를 계속 유지할 수 있을 뿐만 아니라, 사장은 그를 계속 승진시켜서 그에게 보답하기도 한다.

오늘날 구인 광고의 몇몇 표현을 살펴보자. 원칙적으로 더 이상 사람을, 지원자나 직원을 찾는 것이 아니라 오로지 '개성'을 찾을 뿐이다. 이러한 '개성'의 프로필은 적어도 다음의 사실을 나타내야 한다.

- 평균 이상의 전문 지식
- 정상적인 정도를 훨씬 넘는 업적을 낼 자질
- 저녁이나 주말에도 출장을 갈 수 있는 마음가짐
- 비범한 소통 능력
- 비교 가능한 지위에서 적어도 3년간의 관련 직업 경험이 있으며 평균 이상의 성과를 거둔 자

이 내용은 어느 신문의 토요일판 구인 광고에 실린 표현을 오려낸 것이다. 사실 모든 경력 사원을 뽑는 광고 내용이 이렇다고 말할 수 있는데, 이를 충족하기 위해서는 정말 특별한 자질이 필요하다.

- 평균 이상의 성적으로 대학을 졸업한 자
- 실습을 통해 증명된 최초의 직업 경험
- 협상 능력을 갖춘 영어 실력
- 대학 외부의 활동을 통한 최초의 지도력 증명
- 나인 투 파이브[1]의 사고방식 외에 성과를 내겠다는 마음가짐

이제 무슨 말인지 알겠는가? 오늘날 어떠한 회사도 정상적으로 일을 처리하는 정상적인 사원을 원하지 않는다. 오늘날 당신의 근무 평가서에 당신이 언제나 주도면밀하고 믿음직하게 일을 처리한다고 되어 있으면 그것은 당신에 대한 심한 모욕으로, 새 직장을 얻기 힘들게 된다. 오늘날 다른 고용주의 관심을 끌려면 당신이 우수한 인재임을 입증해야만 한다. 그래서 사람들은 이를 위해 원래 존재하지 않고 문법적으로도 설득력이 부족한 표현인 '항시 가장 완전한' 만족이란 단어를 만들어냈다.

'정상적인 일처리'라는 단어는 명예로운 지위를 잃어버렸다. 누군가 그 표현에 보다 관심을 기울이는 사람이 있다면 아마 부정적으로 눈썹을 찡그리는 표정을 지으며 그럴 것이다. 극히 정

---

1 나인 투 파이브Nine-to-Five: 평일 아침 아홉 시에서 오후 다섯 시까지 8시간의 일상적인 근무 시간을 일컫는다.

상적인 직원은 내부적으로 자주 'B급 플레이어'로 지칭된다. 소위 '높은 잠재력을 지닌 사람', 즉 계속 성장해가면서도 또 하나를 추가하고, 나선을 계속 돌리는 사람만이 실제로 인재개발부 리스트에 올라간다.

경제학 교수인 로버트 H. 프랑크와 필립 J. 쿠크는 이를 위해 '승자 독식 사회'라는 개념을 만들어냈다. 전에는 스포츠 분야나 쇼 비즈니스에만 적용되었던 것이 오늘날에는 극히 정상적인 사무실에서 일하는 극히 정상적인 직원들에게까지 확산했다. 최상의 사람이 모든 것, 모든 돈, 모든 명예, 모든 관심, 모든 성공, 모든 승진을 독식한다는 것. 다른 사람들은 아무것도 얻지 못한다. 기업에서 '그달의 직원'이나 '그해의 직원'을 뽑는다면 그것은 굉장한 자극이 된다.

하지만 그런 행위는 모든 다른 사람의 정상적인 일을 무가치하게 만든다. 그런 사람들 없이는 기업이 더 이상 존속할 수 없을 것처럼. 아무리 최고의 업적을 낸 직원이라고 해도 큰 명예를 얻을 수 없을 텐데 말이다.

어떤 기업은 직원이 최고의 성과를 내지 못하면 단호하게 생각을 갖도록 다그친다. 더 이상 확고한 직장이란 없고, 다만 임시직만 있을 뿐, 물론 그것도 모든 사람에게 충분치 않다. 근무가 시작되기 훨씬 전에 출근하지 않은 직원, 그러므로 할당량을 훨씬 초과해서 채우지 않은 직원은 그날 책상을 갖지 못한다.

직원이 기업에 그의 노동력을 제공하는 것이 아니라 기업이 관대하게도 어떤 일자리를 그의 자유에 맡기는 것이다. 그가 최상의 직원이라면 말이다. 책상을 갖는다는 것은 최고의 성과를 낸 것에 대한 보답인 셈이다.

여전히 직업의 세계도 지극히 평범한 직원한테 바로 이런 것을 기대한다. 회사는 직원이 새로운 아이디어와 새로운 프로젝트로, 더 나은 성과와 더 오랜 근무시간으로 스스로 자신을 계속해서 넘어서기를 바란다. 그것은 중요한 일이든 아니든 매사에 적용된다. 즉 정상적인 판매고로는 더 이상 충분하지 않다. 부서회의를 위한 파워포인트 발표에도 직원들은 다들 시큰둥해한다.

목표에 대한 합의를 할 때 당신은 이런 사실을 아주 노골적으로 확인한다. 왼쪽에는 목표가 적혀 있고, 오른쪽에는 달성된 목표가 '전년도 대비 +5퍼센트'라고 정의된다. 대체적으로 고용주와 근로자는 전년도 대비 105퍼센트 정도의 성과율에 합의한다. 그리고 이것으로부터 다시 다음 연도에도 105퍼센트에서 합의한다. 거의 아무도 의심하지 않듯이 당연히 직장에서는 직원에게 명시적으로 계속 100퍼센트 이상의 성과를 요구한다. 그러면 다음을 한 번 계산해보길 바란다.

오늘날 성과를 가치를 '1'로 정하고 한 번 105퍼센트씩 곱해 보라. 당신의 휴대용 계산기로 쉽게 계산할 수 있을 것이다. 그렇게 전년도의 성과에 계속해서 1.05씩 곱하다가 숫자 '2'가 찍히는 시점이 바로 당신의 작업 성과가 두 배가 되는 해이다. 처음 1.05를 곱한 후 15번 만에 2가 된다.

- 15년 후에 2배가 되고,
- 23년 후에 3배가 되고,
- 29년 후에 4배가 되고,
- 35년 후에, 그러므로 평균적인 직장 생활을 하는 햇수가 되면 5배 이상이 된다는 사실을 알게 될 것이다.

이를 비유적으로 표현하자면 이렇다. 처음 직장 생활을 하는 사람의 책상에 처리해야 할 일이 매일 20센티 높이로 쌓인다면 이러한 일의 양은 그가 은퇴하기 직전에 5배 이상 높아져, 1미터 이상 된다는 것이다.

비용을 위해 유사한 계산을 할 수 있다. 여기서는 통상적인 목표 합의가 반대로 진행된다. 각자 매년 일률적으로 5퍼센트씩 절감하는 것이다. 이러한 계산에 따르면 80년 후에는 당신의 기업 비용이 이론적으로 완전히 0이 된다. 반면에 당신은 몇 년마다 2배의 성과를 내야 한다.

그런데 상황이 좀 더 고약해진다. 이러한 계산은 정상적인 직장인을 기준으로 한 것이다. 이러한 무리에서 두드러지고 싶다면, 특별한 성과로 이목을 끌어 출세하고 싶은 사람은 매년 적어도 전년도 대비 110퍼센트의 성과를 달성해야 한다.

- 8년 후에 2배의 성과를 달성하고,
- 13년 후에 3배의 성과를 달성하고,
- 16년 후에 4배의 성과를 달성하고,
- 18년 후에 5배의 성과를 달성하고,
- 20년 후에 6배의 성과를 달성하고,
- 35년 후에, 그러므로 평균적인 직장 생활을 하는 햇수가 되면 25배의 성과를 달성해야 한다.

같은 이치로 당신의 월급이 똑같이 상승 곡선을 그리며 올라가서, 몇 년 만에 5배가 되거나 심지어 25배가 되게 하는 계약 조건을 사장에게 제안할 수 있는가? 사장은 당신이 미쳤다고 생각할 것이다. 그런 규칙을 따른다면 사장은 파산하고 말 테니까! 물론 그 반대는 정상이라는 것.

그 정도의 양적 성과를 거두지 못하는 자는 정상적인 일을 정상적으로 처리하는 것으로 간주되지 않는다. 오늘날 사람들은 계속 새로운 목표를 돌파하기를, 등대처럼 프로젝트를 떠받치기를 기대한다. 계속 새로운 목표를 세워서, 앞으로도 더 많은 성과를 거두기를 말이다. 단지 계속해서 100퍼센트의 성과만 달성하는 사람이 있다면, 이런 원칙에 따라 나쁜 성과, 낮은 성과를 내는 직원으로 간주된다.

반대로 인간의 삶에서 발전이란 훌륭한 것. 누구나 계속 발전해 나가고 자기 수양을 할 수 있다. 누구나 특별한 성과를 내서 무리로부터 두드러져서 자신의 능력을 인정받을 수 있다. 전에는 하나의 가능성이었던 것이 오늘날에는 정상적인 표준이 된다. 그리고 그것으로 사회적인 강제가 된다.

이러한 강제가 인위적으로 행해지고 있음을 앞의 계산으로 이미 증명되었다. 그런데 모든 사람이 갑자기 극히 정상적인 일상의 작업장에서 일을 그만두고, 훌륭한 것으로 들리는 프로젝트와 돌파해야 할 목표에만 신경 쓴다면, 다들 눈여겨보는 추가적인 5퍼센트에만 신경을 쓴다면 결국 모든 기업은 순식간에 망하고 말 것이다.

정상적인 일이 더 이상 인정을 받지 못한다면, "올해 어떤 새롭고 특별하고 추가적인 일을 해냈는가?"라는 질문만 통용된다면, 모든 기업은 스스로 자신의 심장을 떼어 내는 격이 된다.

그럼에도 불구하고 해내야 한다

"나는 전에는 햇살이 비칠 때 잠에서 깨어나 조깅을 하였고, 돌아오는 길에 아내와 두 아이에게 갓 구운 빵을 사다주었다. 나는 일이 진짜 재미있었다. 계속 새로운 아이디어를 생각해냈고, 왕성한 의욕으로 그것을 실행했다. 그런데 언젠가부터 점점 일할 시간이 부족해졌고, 잠자는 시간을 줄일 수밖에 없었다. 가끔은 너무 피곤해 다시 잠을 청했지만, 마음은 이미 사무실 책상에 가 있었다. 결국 조깅을 포기하고 곧장 회사로 갔다."_닐스(39세, 임원 보좌진)

"사무실에서 나는 머리가 쿡쿡 쑤시는 두통이 점점 더 잦아졌고, 때로는 현기증이 일어나 갑자기 자리에 앉을 수밖에 없었다. 정신을 집중하기 점점 더 어려워져 커피를 더 많이 마셨지만, 아무 소용이 없었다. 누군가 내 옆에서 종이를 구기는 것처럼 갑자기 귀에서 바스락거리는 소리가 나기 시작했다. 그렇지만 주위에는 아무도 없었다. 바스락거리는 소리에 나는 거의 미칠 지경이 되었다." _카를라(48세, 콜 센터 직원)

"저녁에 집에 돌아와 가족과 몇 마디 말을 나누려 하다가도 소파에서 그냥 잠드는 경우가 점점 빈번해졌다. 그러다가 정말로 사무실에서 쓰러졌을 때 고용주가 나를 병원에 입원시켰다. 그후 나는 매우 오랫동안 병원에 누워 있었다. 나는 아직까지 직장에 돌아가지 못하고 있다." _슈테른(29세, 인사 담당 직원)

더 열심히 해내려는 마음과 함께 주변의 강제가 비극적인 결과를 낳는다. 오늘날 정신질환에 걸리는 가장 빈번한 이유는 생업 때문이다. 지난 수십 년 동안 정신질환에 걸리는 비율이 엄청나게 높아졌다. 일찍 연금 생활에 들어간 사람들 중 정신질환자의 비율이 3분의 1이 훨씬 넘는다. 1993년에는 13퍼센트에 지나지 않았던 것과 비교해 크게 달라졌다.

산업재해 방지와 산업 의료를 위한 독일연방기구에서는 매해 근로자의 안전과 건강 상태에 대해 정기적으로 조사 및 보고하

고 있다. 2010년 보고서에는 근로자의 약 70퍼센트가 능력의
한계 지점에서 일하고 있다고 한다.

오늘날 수백만에 가까운 사람들이 직장 생활에서 더 많은 성
과를 내기 위해 혹은 성과 스트레스를 이겨내기 위해 약을 먹고
있다. 이는 정상의 범위를 넘어서는 일이고, 사실 인체의 한도
역시 넘어서는 일이다.

독일에서 집중력 강화제인 리탈린의 소비가 1990년대 이래
로 50배나 증가했다. 더 많은 성과를 내려고 약을 복용하면서까
지 자신을 채찍질하는 사람들은 약효 탓에 자신의 한계를 잘못
파악하게 된다. 그리하여 적지 않은 사람들이 일하다가, 일 때문
에 쓰러진다. 그런 후에 회복하지 못하고 자신의 이름조차 쓰지
못하는 사람도 더러 있다. 그리고 더 이상 일을 정상적으로 처
리하지 못한다. 이런 번아웃 증상[2]은 종종 자기도 모르게 살며시
찾아온다.

일 때문에 병이 난 사람들은 다시 정상적인 생활로 되돌아가
는 법을 발견해야 한다. 일상적인 일을 하는 것처럼 꾸며놓은 보
호 공간 같은 곳이 필요하다.

———

2 번아웃Burn-out: 지속적이고 반복적으로 수행되는 과도한 업무들에 치여 모든
   에너지가 소진되어 버리고, 업무에 대한 의욕이 떨어지는 '소진' 현상을 말한
   다.

하지만 바깥 세상의 표준이 바뀌지 않는 이상 이 문제는 해결되지 않을 것이다. 복귀한다고 해도 여전히 수준은 높을 것이고, 그 안에 있을 때와는 달리 한 번 다른 세상을 경험하고 돌아온 사람에게는 그 삶이 더욱 가혹하게 느껴질 테니까.

연인 사이에도 성과가 필요하다

적어도 퇴근 후에는 그나마 마음껏 쉴 수 있었던 시절에는 이 모든 것이 상상도 못할 일이었다. 하지만 이런 시절도 오래전에 지나가 버렸다. 유감스럽게도 퇴근 후에도 성과 압력을 내려놓을 수 없게 되었다. '일과 직장'이라는 공적인 영역에서 이제는 퇴근 후의 사적인 영역까지 성과 스트레스가 넘어온 것이다. '전년도 대비 5퍼센트 초과달성'이라는 목표 합의를 매년 주변 사람과도 체결한다. 무슨 말인지 이해되지 않는다면 다음 글을 살펴보자.

다음은 구인 광고의 글이다. 사람들은 다음과 같은 프로필의 사람을 찾고 있다.

- 평균 이상의 성적으로 대학을 졸업하고, 박사학위나 비교 가능한 학위를 소유한 사람
- 프랑스어에 능숙하고, 필수는 아니지만 또 다른 유럽 언어를 할 줄 아는 사람
- 창조적인 예술가이자 또한 실용적인 삶을 동경하는 사람
- 동일한 일을 하는 사람 중 최고에 속하지만, 즐김과 체험의 규칙도 잘 아는 능력이 탁월한 사람
- 지적이고 다정하며, 호기심이 많고 관대한 성품을 지닌 사람

대체적으로 일자리는 되도록 빠른 시일 내에 채워질 수 있겠지만, 이 구인 광고를 낸 쪽은 기업이 아니다. 사실 이것은 놀랍게도 구혼 광고다. 일자리 시장과 결혼 시장이 닮아 있다는 사실이 놀랍지 않은가?

사람들은 더 이상 사랑도 평범한 수준의 사람과 하길 원하지 않는다. 평균적인 인간은 오늘날 일자리 시장에서 더 이상 눈길을 끌지 못할 뿐만 아니라 결혼 시장에서도 대우받지 못한다. 그 때문에 사람들은 자신의 경력을 엄청나게 포장해서, 자신이 지극히 정상적이라는 사실을 감쪽같이 숨긴다.

'연인 관계'라는 카테고리, 목표는 전년도 대비 +5퍼센트.

100퍼센트에서 머무는 건 여기서 선택 사항이 아니다. 32세의 당신에게 파트너가 없다고 생각해보자. 당신의 33번째 생일에는 세상이 달라져 보여야 한다. 당신의 주변 사람들은 당신에게 이런 목표 설정이 없음을 아쉬워한다.

당신의 주변 사람이 다 아는, 하지만 당신에게 만족스럽지 않은 어떤 연인이 있다고 생각해보자. 1년 후 당신 주변 사람은 추가적인 5퍼센트의 진척을 보려고 할 것이다! 이러한 성과 목표를 당신은 상이한 방식으로 달성할 수 있다. 당신은 어떻게든 이성친구가 지닌 몇 개의 약점과 단점을 보완하면서 그의 발전을 촉진시킬 수 있다. 혹은 새로운 애인을 구할 수 있다. 그는 이전 연인과 비교할 때 더 많은 것을 가져다주어야 한다. 그런데 점점 자신보다 친구들의 판단이 중요해진다.

"루카스가 예전에 만난 클라우스보다 같이 다니기에는 더 나은 것 같아. 위트 있고 지적이야."

"질케는 사실 치열이 보기 싫던데, 그래도 예전 애인보다 직업도 좋고 진취적이잖아. 아무튼 질케랑 사귀면서 너도 한층 업그레이드된 것 같지 않아?."

당신이 32세의 나이로 이미 완벽한 연인을 두고 있다고 해도 당신의 주변 친구는 일 년 후에 좀 더 많은 것을 바라게 될지도 모른다. "결혼은 언제 해?" "약혼 반지는 뭘로 했어?" "프러포즈도 제대로 안 하는 남자는 볼 것도 없지."라는 식으로 말이다.

집에 자석으로 붙여놓는 메모게시판에는 이미 친구, 동료들의 청첩장이나 약혼식 카드가 수두룩하게 붙어 있다. 그것은 무슨 일이 있더라도 그보다 못해서는 안 된다는 기준이다. 결혼식이 더 이상 삶의 가장 아름다운 날이 아니라, '당신이 알고 있는 모든 사람의 삶 중에서 가장 아름다운 날'이어야 한다. 그리고 그 기준은 해마다 높아지므로 더욱 서두르게 된다. 단순히 100퍼센트를 달성하는 것 하나만으로는 안 된다.

엄마 배 속에 있을 때부터 해야 할 것

당신은 자녀와도 목표를 이행할 수 있다. 당신이 몇 명의 자녀를 두었고 그들과의 관계로 이미 의무 영역에 있다면 당신의 자녀들은 해마다 추가로 몇 퍼센트의 성과를 내야 한다. 지난 몇 년 동안 중국어 수요가 폭발적으로 늘어났다. 사실 아이들은 자궁에서부터 이러한 성과 압력을 받고 있다.

태아는 이미 어머니 배 속에서부터 배워야 하고, 삶과 직업을 위해 알맞게 맞추어져야 하고, 재능과 능력을 빨아들여야 한다. 당신은 태아에게 클래식 음악, 자연과학 공식, 어학 강좌를 들려주고는 반응이 오기를 기다린다. 만약 이런 소리를 듣고 엄마의 배가 꿈틀거리는 걸 본다면 이 안에서 천재가 자라고 있다고 확신할 수 있다. 우스갯소리 같지만 자궁에서 인터넷 접속을 가능하게 할 수 있다면 아마도 더 많은 교육을 배 속의 아이에게 했을 것이다.

사람은 태어난 후부터 성과 압력을 받는다. 나이를 먹을수록 아이들에 대한 부모의 기대치는 점점 높아간다. 엄마는 자신의 6살 난 아들, 막시밀리안이 합창단에서 솔로 파트를 맡길 바라고 상도 받아오면 좋겠다고 생각한다. 4살 난 에마는 데피브릴라토어Defibrillator라 불리는 제세동기라는 단어를 말할 수 있다. 에마의 아빠가 그 단어를 에마에게 가르쳤기 때문이다. 아이가 스스로 글을 읽을 줄 알게 되었을 때, 외래어 백과사전에서 그 단어를 가르쳐줬더니 바로 기억하고 말할 줄 알게 되었다는 것이 아빠에게는 큰 자랑거리가 된 셈이다.

브래드 피트가 이웃이 될 수 있는 곳

서른의 나이에 75제곱미터(22~23평)의 집에 산다면 당신은 3년 후에 이 집에 사람들을 불러 생일파티를 할 수 없다고 생각할 것이다. 그때는 집의 크기가 벌써 세 자릿수 제곱미터 정도 되는 새집에 살아야 한다. 또는 도시의 중심지에 위치하는 집에 살든가. 혹은 임대 주택 대신 자신의 집에 살든가 해야 한다. 또는 화려하게 치장한 이전 세입자가 "얼마 전에 브래드 피트가 독일에서 영화를 찍을 때 이곳에서 살았어요."라고 말한다면 좀 좁아도 양해가 될 수도 있다.

어디 집뿐인가? 집안 이곳저곳에서도 추가적인 진척을 이루어야 한다.

"에스프레소 기계는 지난번 것보다 맛이 훨씬 깊어요." "벼룩

시장에서 얻은 샹들리에인데, 직접 수리해서 달았더니 완전 예술작품이네." "팀은 벼룩시장에서 등을 발견했어. 그래서 우리는 직접 수리했지."

이미 가질 수 있는 것을 다 가져서 추가적으로 더 할 것이 없다고 해도 당신은 끊임없이 가진 것을 새롭게 해야 한다고 생각할지도 모른다. 만약 45번째 생일을 그런 완벽한 집에서 축하했다면 당신의 46번째 생일에는 적어도 이렇게 말할 수 있어야 한다. "그래, 가을에는 정원의 연못을 완전히 새로 만들어야겠어. 우리가 직접 설계해서 말이야. 카린과 나는 지난해 베로나에서 정원 건축술 워크숍을 했었지."

단순히 100퍼센트를 달성하는 것 한 가지로는 안 된다. 물론 정상적인 사람은 으레 그렇듯 사실 그 정도보다 더 못할지도 모른다.

친구는 당신의 거울이다

전에는 사람들의 교우 관계가 극히 정상적이었다. 지극히 정상적인 수의 더할 나위 없이 아주 정상적인 사람들로 이루어졌다. 그들과 규칙적으로 통화하고 만날 수 있었다. 하지만 오늘날 온라인 사이트상에서 친구 수를 보면 예전과는 비교할 수 없을 정도로 많다. 적어도 세 자릿수이고, 때로는 네 자릿수인 사람도 있다. 그렇지 않으면 인기가 없고 외로운 사람으로 보인다.

특히 SNS에서 매일매일 친구가 얼마나 늘었는지 새로 친구를 맺을 만한 사람이 누가 있는지 즉각 정보를 알려준다. 친구가 꾸준히 늘지 않는 정체 현상이 발생한다면 기분이 좋을 리 없을 것이다. 사실 친구에게 어떤 일이 있는지 제대로 알 수도 없으면서 말이다. 물론 얼마나 많은 친구가 있는지뿐 아니라 어떤 친구가 있는지도 당신에게 중요하다.

"어떤 젊은 여자를 알게 되었어. 그녀는 아이가 둘인데 보험회사에서 일해. 상냥하고 나보다 나이도 어리지. 우리는 말이 잘 통해."

어떤 사람도 더 이상 이런 이야기를 들으려고 하지 않는다. 주변 사람들이 당신에게 관심을 갖게 하려면 이렇게 말해야 한다.

"지난 주말 베를린 중심가에서 진짜 멋진 사람을 알게 되었어. 그녀는 외교관의 딸로 쿠알라룸푸르에서 태어났대. 호주의 그레이트 배리어 리프에 생태학 학교를 설립했고, 지금은 모스크바에서 텔레비전 뉴스 진행자로 일하고 있어. 우리는 말이 잘 통해서 금방 친해졌어."

친구들은 당신의 네트워크에 있는 사람을 자신의 네트워크로 가져가기 위해 경쟁하고 있다. 반대로 사람들은 똑같은 행동을 한다. 왜냐하면 단순히 100퍼센트를 달성하는 것만으로는 안 되기 때문이다.

다크서클은 용서할 수 없다

"나는 16세부터 안경을 끼고 다녔다. 평소 생활하는 데 별로 방해되지 않아 불편을 느끼지 못한다. 그런데 내 친구들은 5년 전부터 자꾸 이렇게 묻곤 한다. '대체 언제 수술할 거야?' 주변 사람들 대부분 라식이나 라섹 수술을 했다. 35번째 생일에도 내가 여전히 안경을 끼고 있자 친구들은 돈을 모아 레이저 수술이 가능한 안과에서 치료할 수 있게 쿠폰을 선물해주었다."

_아르민(35세, 은행원)

우리 모두 나이가 든다. 그리고 신체는 시간이 흐를수록, 쓰면 쓸수록 약해지고 노화된다. 단 한 사람 어느 누구도 예외 없이 그런 현상이 발생한다. 한때는 그런 게 정상이던 시절이 있었다.

오늘날 사람들은 생일 때마다 전년도에 비해 더 낫고, 더 팔팔하고, 더 젊게 보여야 한다.

치아는 좀 더 하얗게(하룻밤 새에 그렇게 만들 수 있다), 피부는 잡티 없이 팽팽하게(태닝을 하면 좀더 건강해 보인다고 믿는다), 눈 주위는 주름 없이 밝게(매일 밤 아이패치를 붙이고 잠자리에 든다면 가능하다), 허리와 배는 탄탄하게(홈트부터 헬쓰클럽까지 보내는 시간이 아깝지 않다), 머리카락은 뿌리까지 자연스럽게 염색하고, 얼마든지 젊어보이게 할 수 있다.

단순히 100퍼센트를 달성하는 것 한 가지로는 안 된다. 또는 정상적인 사람은 으레 그렇듯이 사실 그 정도보다 더 못할지도 모른다.

퇴근 시간이다. 이제 다음 일이 시작된다

"나는 8년 동안 같은 곳에서 일하고 있다. 회사도 하는 일도 마음에 든다. 그간 다른 곳에서 오라는 제안도 있었지만, 굳이 출세하고 싶다는 생각이 들지 않아 거절해왔다. 그런데 한번은 저녁식사 때 아내의 친구가 나를 옆으로 데려가더니 내게 물었다. '계속 그 일만 할 건가요? 다른 데는 안 알아봐요?' 그 말에 나는 무척 혼란스러웠다. 그렇게 석 달 동안 나는 구인 광고를 샅샅이 살펴보았다. 그러다가 문득 다른 사람이 나의 능력을 의심한다는 것 때문에 이직을 생각한 내가 얼마나 어리석었는지 깨달았다."_루저(38세, 조합 지도자)

개인생활에서도 직업은 중요한 역할을 한다. 가족, 친지, 친구들도 종종 당신의 일에 대해 궁금해하니까. 이러한 호기심은 당신에게 더 많은 성과, 더 많은 일, 더 많은 커리어, 더 많은 스트레스로 작용한다. 계속해서 나아지는 모습을 보여주지 않는다면 곧 모두 약속이나 한 듯이 당신에게 입을 다물고 말 것이다.

"이번 주는 프로젝트 마감 때문에 사흘 밤을 꼬박 새웠어. 그러고 났더니 부서 사람들이 모두 좀비처럼 보이더라고."

"상원의원이 되니까 좋은 게 한두 가지가 아니더군. 누군가 잠깐 만나야 할 때 공항 비즈니스 라운지를 이용할 수도 있던데. 자넨 알고 있었나?"

"우리 회사 사장은 회사의 중요한 일은 나하고만 이야기해."

"매해 회사에서 업무용 차량을 지급해주기 때문에 매번 새 차를 타야 해. 어떤 차를 탈지 고르는 것도 일이네."

"슈테피는 워킹맘으로 지내면서 MBA 과정까지 준비한대."

이러한 대화가 오가는 사회라면, 커리어를 업그레이드하기 위해 끊임없이 노력해 성과를 내지 않으면 친구들도 언젠가는 당신을 별볼 일 없는 사람이라 여기게 될 것이다.

사회에서 더 성공하고 싶다면 한곳에서만 진득하게 커리어를 쌓아서는 안 된다. 다양한 경력이 필요하기 때문이다.

"앤디는 퇴근 후에 인터넷으로 와인을 팔아 투잡에 성공했대. 내년에는 그것 때문에 무슨 기업가 상도 받는다나 뭐라나."

이런 말을 하는 사람이 계속 주변에 있는 한, 정직과 성실을 모토로 한 회사에 오래도록 일하는 사람의 이력을 좋게만 보기 어렵다. 루저와 앤디, 이 두 사람 중 누가 더 빨리 성공할 거라고 사람들은 믿을까?

게다가 휴양이 되어야 하는 휴가는 어떤가? 어디서 어떻게 무엇을 하며 쉬다 왔는지 변변하게 이야기할 거리가 없다면, 이제 그것도 안 될 일이 되었다. 남이 들었을 때 알아줄 만한 곳에서 쉬어야 하고, 놀라고 부러워할 만한 휴가여야 하고, 해마다 휴가의 격이 높아져야 한다.

30년 전만 해도 해외로 휴가를 가는 일은 흔하지 않았다. 오늘날 비행기를 타고 훌쩍 외국으로 날아가 유명 호텔, 리조트에서 휴가를 보낸다. 사람들은 다음 해에 어디로 휴가를 가야 사람들의 이목을 끌 수 있을지 눈치를 본다. 정작 그곳이 얼마나 자신의 마음에 드는지는 아무 상관이 없다는 듯.

3장.
행복은 꿈이지만
고통은 현실이다

어리석은 스트레스 강박

토요일 아침 9시라고 상상해보자. 우리는 당신이 집에서 과제를 처리해야 한다고 말한다. 당신은 당신의 집 거실 벽에 액자에 넣은 90×60센티미터의 휴가 사진을 걸어놓으려고 한다.

당신은 어떤 변화를 줄 생각인가?

플랜 1. 안 그래도 평소 소파 위쪽 벽이 허전하다고 생각했다. 사진을 걸려면 일단 망치와 못이 필요하다. 저 정도 액자라면 중간 정도의 못이면 될 것이다. 공구상자에서 망치와 중간 크기의 못을 꺼내와 벽에 못을 박고는 사진을 건다. 시계를 쳐다보니 9시 7분이다. 생각보다 일이 일찍 끝났다. 오늘은 무슨 재미난 일을 하며 보낼까 생각하니 절로 휘파람이 난다.

플랜 2. 일단 지하실에서 커다란 공구상자를 가져와 방바닥에 쏟아놓는다. 바닥에 좍 펼쳐놓고는 비교한다. 10시 반에 찾을 수 있는 모든 줄자와 수준기(수평선, 수평면을 구하기 위한 기구)를 바퀴 달린 트레이에 싣고 거실로 가져온다. 12시까지 소파 위의 벽을 잰다. 12시 9분에 휴대폰이 울린다. 꽤 먼 곳에 사는 동서가 역시 지난주 집 벽에 사진을 걸었다는 소식을 듣게 된다. 듣자하니 새로 이사 온 동서의 이웃도 액자 걸 일이 있다고 한다. 셋이 모여 이야기를 하면 쉽게 이 문제를 해결할 수 있을 있지 않을까?

즉흥적으로 12시 반에 셋이서 전화 회의를 갖기로 정한다. 회의를 준비할 시간이 겨우 12분 밖에 남지 않았다. 장비, 지금까지 나타난 문제점, 해결 방안에 대해 몇 가지 메모를 한다. 동서는 어떻게 해야 할지 가르쳐준다. 사진을 걸 때 유의해야 할 점, 가령 좌우 균형을 맞추는 법, 벽에 못 자국을 보기 싫게 군데군데 내고 싶지 않다면 어떻게 해야 하는지 등을 말이다.

오후 1시 반에 전화로는 문제가 해결되지 않는다는 결론에 이른다. 오후 3시에 동서네 쪽으로 직접 가서 회의를 하기로 한다. 비행기 표를 끊고 두 아이를 거실로 불러 상황을 설명하고 몇 가지 당부를 잊지 않는다. "어떤 일이 있어도 소파를 밀어서는 안 된다. 수준기가 움직이는지 잘 지켜봐야 한다." 그런 다음 몇 개의 서류를 겨드랑이에 낀 채 부리나케 공항으로 향한다. 도착해서 당신은 동서가 급히 예약한 회의실로 달려간다. 동서의 이웃은 파워포인트 발표를 준비했다.

"거실에 90×60㎝ 사진 액자를 달기
최상의 실행 방법과 전략
기획: 슈트렝 페어트라우리히"

그는 다른 나라들의 경험도 다룬다. 그가 발표하는 동안 당신은 가끔 고개를 끄덕이지만, 당신은 10분마다 스마트폰으로 아이들이 있는 집의 상황을 체크한다. 한번은 갑자기 타란텔라에 쏘인 것처럼 당신은 회의실을 나와 휴대폰을 귀에 바짝 대고는 "지금 회의 중이야"라고 말한다.

당신 아내한테서 온 전화다. 그녀는 테니스를 치는 중이었는데, 집으로 돌아오는 길에 먹을 것을 사와야 하는지 묻는다. 당신은 심각한 표정을 지으며 장단점에 대해 상세히 설명하면서, 불안하게 복도를 이리저리 걸어 다닌다. 당신은 회의실로 다시 돌아가서, 몇 가지 질문을 하고는 조금 전에 본 세 번째 화면에 대해 보다 상세히 논의하자고 부탁한다.

오후 4시가 돼도 아직 결론이 나지 않는다. 그렇지만 당신은 자리를 박차고 일어나, "미안하지만, 비행기가 떠날 시간이 다 돼서요"라고 말하고는 서둘러 회의실을 떠난다.

하노버의 공항 게이트에서 당신은 당신의 아이들과 큰 소리로 전화통화를 한다. 비행기에 앉아서도 계속 통화를 그치지 않자 승무원이 당신의 휴대폰을 압수한다. 당신은 당신의 노트북에 미팅에 대한 보고서를 작성해서 당신의 아내에게 보내고, 그것을 복사한 내용을 그 외 주소록에 실린 다른 모든 사람에게 보낸다.

공항에 도착하자마자 당신은 짐에서 휴대폰을 꺼내 전원을 연결하고는 안도의 한숨을 쉰다. 동서의 이웃은 "FYI[3], 건설적인 회의를 가진 것에 진심으로 감사드린다"라며 벌써 발표 내용을 당신에게 발송했다. 그들은 이메일로 그 문제에 대해 앞으로 규칙적으로 의견을 교환하자고 합의한다. 다음 만남은 2주일 후에 하기로 한다. 사실 그때 당신은 이탈리아에서 휴가를 보내기로 했지만, 휴가를 연기한기로 결정한다.

파김치가 되어 집에 도착한다. 오후 5시 55분이다. 당신은 못

---

3 FYI는 "For your information"의 줄임말로, 전자우편 또는 인쇄물 등을 동료나 친구에게 넘겨주면서 자주 쓰는 표현. 이때 보내주는 정보가 단순히 공유하는 차원의 의미만 가질 뿐, 받는 사람이 그에 따른 즉각적인 행동을 해야 한다거나, 또는 보내는 사람의 입장에서도 그런 행동을 기대하지 않는다는 정도의 가벼운 뉘앙스를 갖고 있다.

을 집어 들고 벽에 박은 후 사진을 건다. 시곗바늘이 정확히 6시를 가리키는군! 이것으로 당신은 어려운 과제를 처리하며 하루를 성공적으로 끝마쳤다!

결국 그날 당신은 거실을 청소하고 사진을 반듯하게 세우기 위해 밤 11시까지 거실에 머물렀다.

쉬운 일도 쉽게 처리해서는 안 된다

"나는 일을 항상 효율적으로 관리한다. 지금까지 다들 내가 대단하다고 생각했다. 갑자기 사장이 면담하자며 나를 불렀을 때까지만 해도. 그는 내 업무 수행에 대해 흠잡을 게 없다고 먼저 말했다. 근무 계약에 '40시간'이라 적혀 있는데도 내가 주당 50시간 이상 일한다고 나의 초과근무를 칭찬하기도 했다. 그런 다음 그는 '하지만 더 많은 노력을 하는지 지켜보겠습니다. 그렇지 않으면 여기서 아무것도 이룰 수 없습니다.' 마지막으로 그는 내 근무 결과에는 정말 아무 책잡을 것이 없다고 힘주어 말했다." _엘케(29세, 라디오 방송국 과장)

당신은 토요일을 플랜2로 보낼 생각은 아마 꿈에도 하지 않을 것이다. 그런데도 왜 플랜2의 하루가 그리 생소하게 생각되지 않을까? 사실 당신이 플랜2처럼 직장에서 지내고 있기 때문이다. 앞 장에서 우리는 사회에서 제대로 된 대우를 받으려는 사람은 계속 105퍼센트의 성과를 내야 한다는 것을 보았다. 하지만 그것으로 끝난 것이 아니다.

지난 수십 년 동안 결과를 중시하는 사회 분위기 탓에 일의 결과에만 초점을 맞추고 그것에 들인 시간이나 그것으로 인한 혼란은 어느 정도 용인될 수 있다는 풍조가 있었다. 하지만 그러한 생각은 요즘에 와서 많이 바뀌었다. 그다지 힘들이지 않고도 좋은 결과가 달성된다면, 어쨌든 결과만 좋으면 괜찮다는 생각은 너무 혁명적인 것 같다. 성과도 그에 상응하는 노력이 있을 때에만 가치가 있다. 예전에 효율적이라고 칭송받던 사람이 지금은 게으른 사람이 되었다. 성과를 거두고 스트레스를 받는 사람만이 가치를 인정받게 되었다.

'파이프라인'이라는 말은 우리가 직장생활에서 즐겨 사용하는 단어 중 하나다. 사람들은 갖가지 파이프라인에 접속된 상태로 다중 작업을 하며 일하고 있다. 누구나 혹은 무언가와 계속 관계를 맺지 않는 사람은 중요한 인물이 될 수 없고 성공을 거둘 수도 없다.

예전에는 사무실에서 전화 통화를 할 동안에는 통화에만 집중하면 되었다. 하지만 오늘날 그렇게 일하는 사람을 보면 사람들은 의아하게 생각할지도 모른다. 보통은 통화를 하면서 이메일과 보고서를 작성하고, 손짓으로 동료와 대화를 나누고, 자료를 분류하고, 책상 서랍을 정리한다. 사무실에서 다른 일을 하면서 통화하기에 용이한 핸즈프리 장치는 필수다. 각자 자신이 얼마나 중요한 일을 하는지 같은 층의 모든 사람이 들을 수 있도록 말이다. 또한 머리에 헤드세트를 착용하고 통화하며 커피를 타러 주방으로 간다. 동료들과 아웃룩 달력에 스케줄을 공유함으로써 서로의 스트레스와 압박도 공유한다.

점심시간은 네트워크 구축에 잘 활용할 수 있다. 출근길도 활용도가 높다. 몇몇 사람들은 마라톤 대회에 출전하기 위해 출근길을 이용해 훈련한다. 그들은 스톱워치를 착용하고 조깅을 하며 사무실에 출근해서, 샤워를 하고 옷을 갈아입는다. 일단 사무실에 들어가서 노력의 흔적인 땀을 씻는 것, 그것은 말할 것도 없이 다른 사람들에게 자신의 존재를 부각시키기에 탁월한 포인트다! 그렇게 역동적인 삶을 사는 사람이 분명히 성공할 테니까. 부득이한 경우, 출근길에 서류를 검토하고 지하철에 앉아 휴대폰을 통해 큰 소리로 지시를 내리고, 시간 관리와 업무 효율에 관한 인터넷 강의를 들으며 일할 수 있다.

그리고 기업 스스로 근면성의 모범을 보인다. 아무 할 일이 없을 때는 기업은 최소한 구조 개편이라도 한다. 그러면 무언가를 하고 있다는 인상을 주기 때문이다. 구조 개편은 업무 효율을 새로이 두 배로 높일 수 있는 좋은 기회를 제공하기도 한다. 이와 같은 일은 더욱 많은 부서가 동시에 업무에 몰입하게 할 수 있다.

만약 당신이 인사부장이라면 어떤 유형의 사람을 승진시킬까? 첫 번째 유형의 그룹은 평온함을 발산하며 야단법석을 떨지 않고 자기 일을 여유 있게 처리하는 직원, 책상이 잘 정리된 직원, 자신의 휴가일을 다 쓰면서도 퇴근 전에 일을 모두 끝내고 정시에 퇴근하는 직원, 평생 일요일을 사무실에서 보낸 적이 없는 직원, 어떤 직원을 승진시킬 것인가?

두 번째 유형의 그룹은 계속 일에 쫓기는 직원, 아침 7시면 출근하다가 일요일에만 10시 쯤 출근하는 직원, 많은 일로 이목을 끄는 직원, 자정 때까지 책상에 앉아 머리를 짜내며, 책상에 서류가 산더미처럼 쌓여 있는 직원, 자신의 일을 사무실에서 처리하기 위해 휴가를 반납하고 자신이 얼마나 과중한 업무에 시달리는지 모든 사람에게 이야기하는 직원(또는 휴가를 보내는 중에 그곳에서 계속 메일을 쓰고 전화로 일의 진척 상황을 문의하는 직원), 눈 밑에 깊고 검은 테두리가 있으며 분주한 일상에서 번번이 중요한 일도 망쳐버리는 직원, 어느 유형을 승진 시킬 것인가?

첫 번째 유형의 직원을 승진시키는 것이 논리적으로 맞지 않을까? 더 큰 과제, 더 많은 책임을 위해 역량을 남겨두는 이러한 유형이 신뢰할 만하지 않을까? 두 번째 유형은 이미 지금 과제에 절망적으로 과도한 요구를 받고 있는데, 더 커다란 책임을 위한 역량을 도대체 어떻게 발휘할 수 있겠느냐고 자기 신체의 모든 땀구멍으로 말하고 있지 않는가.

그렇게 생각하는 것이 확실히 논리적일지 모른다. 하지만 결과는 당신의 생각과는 전혀 다르다. 첫 번째 유형은 절대 승진되지 않는다. 적어도 이런 식으로 살아서는 말이다. 왜냐하면 그는 필요한 책임감을 보여주지 않았기 때문이다. 스트레스를 받고 과중한 부담에 시달리는 모습을 보이는 사람이 성공적이고 능력 있는 직원으로 간주된다. 그렇지 않다면 그는 스트레스를 받고 과중한 부담에 시달리는 모습을 보일 만큼 그리 할 일이 많지 않을지도 모른다.

그러나 주의할 것이 있다. 사고가 일어나는 가장 빈번한 원인은 바로 과로 때문이다. 눈언저리에 다크서클이 있는 사람은 거리의 시한폭탄과 같은 존재다. 매일 교통사고가 생겨 인명이 희생되는 이유는 푹 잠을 자고 자신의 일을 대충 처리하는 것을 사회가 용납하지 않기 때문이다.

일에 임하는 두 그룹의 사람들이 있다. 한쪽은 실제로 과도한 요구를 받고 있다. 그리고 그들은 출세를 한다. 로런스 피터와 레이먼드 헐은 세계적으로 유명한 베스트셀러 『피터의 원리』에서 승진할수록 사람들이 무능해지는 이유를 구체적으로 설명했다. 저자들은 인간이 점점 더 직위를 추구하다가 과도한 요구를 받게 됨을 보여준다. 그리고 경제와 행정 분야에서는 위계질서가 누구든 자신이 도저히 감당할 수 없는 지위까지 이르도록 요구받는다는 것.

피터와 헐의 견해에 따르면 아직 이러한 지위에 이르지 못한 자들이 일을 처리한다. 이러한 사람들은 첫 번째 유형에 속하지만 과도한 요구를 받지 않는 자들이다. 엄밀히 말하자면 이 부류가 사회의 대다수를 이룬다. 그렇지 않으면 경제가 정체할지도 모른다. 이런 사람들은 자신의 일을 잘해나가고 있다.

한 손이 다른 손을 스트레스 받게 한다

"이제 입사한 젊은 동료들은 사실 과도한 부담을 안고 있다. 그들은 일에만 파묻혀 산다. 저녁이나 주말에도 서류를 들고 집으로 간다. 그렇지 않으면 일을 마무리할 수 없기 때문이다. 솔직히 말하면 나는 이제 연차가 좀 쌓여서인지 하루에 1시간 반이면 내 일을 모두 처리할 수 있다. 그래서 8시에 출근해서 9시 반이면 집에 갈 수 있다. 그럼에도 나는 서류들을 내 책상에 잔뜩 쌓아두고 있다. 그것도 작은 서류철이 아니라 두꺼운 서류철. 그중에 적어도 10여 개를 계속 놓아둔다. 물론 일을 단숨에 처리할 수 있지만, 일단 이곳에 놓아두고 그 일을 잘 배분해서 처리한다. 그렇지 않으면 이곳에서 다들 나를 대수롭지 않게 여길 테니까." _볼프강(53세, 검사)

착실한 사람들이 계속 바보 대접을 받지 않기 위해서는 한가지 탈출구밖에 없다. 그것은 과도한 요구에 시달리는 모습을 보이는 것! 매일 스트레스를 받고 바쁘게 보일 만한 새로운 방법을 강구한다. 그들은 회의를 놓치지 않고, 책상 위에 서류를 산더미처럼 쌓아놓고, 복도를 급히 지나며 몸의 균형을 잡는다. 그리고 다시는 다음 날 아침이 오지 않을 것처럼 열심히 발표 준비에 매달린다. 그들은 컴퓨터 화면에 언제나 몇 개의 창을 열어 놓고, 정신 나간 듯이 자판을 두드리며 이메일을 보내고, 모든 사람에게 모든 사항을 보고한다. 낮에 그런 이메일을 보내는 사람은 바보일 뿐이다! 그들은 다른 사람들이 사무실에 없거나 또는 더 이상 사무실에 없을 때 이메일을 보내는 것이 더 효과적이라는 것을 안다. 즉 아침 6시나 밤 11시, 새벽 2시에 이메일과 문자를 보내 자신의 상황을 알린다.

보통 직장인들에게는 정기적으로 열리는 회의가 있다. 왜냐하면 그들은 그런 식으로 서로 관계를 유지하기 때문이다. 한 번 재미 삼아 어떤 회의에 참석해서 사람들 사이를 돌아다니며 물어보라. "만약 이 사람이 이곳에 없다면 정말 어떻게 될까?"

대부분의 경우 "아무 일 없음"이라는 답변이 올 것이다. 그렇다고 해도 "이런 회의를 아예 하지 않으면 어떻게 될까?"라는 질문을 아직 해본 적이 없다. 그 누구도 자신이 얼마나 열심히 과도하게 스트레스를 받으며 일하고 있는지 남들에게 알릴 최적의 기회를 스스로 날려버리고 싶지 않을 테니까.

일주일에 여러 날을 출장으로 보내는 사람도 많다. 잘 생각해보면 일하는 시간보다 짐을 꾸리며 보내는 날이 더 많을지 모르는데 말이다. 2010년 봄, 대규모의 화산재 구름이 유럽의 절반에 해당하는 지역의 항공 교통을 마비시켰다. 아이슬란드에서 에이야프야틀라이외쿠틀이라는 유별난 이름을 가진 화산이 기침을 하자, 수백만 명이 출장을 포기해야만 했다. 그들은 어쩔 줄 몰라 하며 사무실에서 허둥댔다.

하지만 마치 아무 일도 없었던 것처럼 세상은 계속 돌아갔다. 출장을 포기했음에도 결국 '일'은 그런데로 처리되었다. 대규모의 패닉에도 불구하고 출장을 가지 못해 실패했다는 프로젝트의 예가 단 한 건도 알려지지 않았다.

거대 기업에서만 그런 일이 발생한다고 생각한다면 착각이다. 공기업이나 관료 조직에서도 스트레스 강박이 무시 못할 정도가 되었다. 스트레스를 받는 척하는 것이 실제로 스트레스를 받는 것보다 더 스트레스를 준다. 오른손이 만들어낸 스트레스를 왼손이 고맙게도 해결할 수 있다. 작가 필립 로트린과 피터 베르더는 이런 문제에 대해 '보어아웃'이라는 교양 있는 개념을 만들어냈다. 보어아웃은 번아웃의 반대 개념이다. 보어아웃이란 일에서 자신의 능력보다 낮은 요구를 받고, 지루해하며 의욕 상실에 빠지는 것을 말한다. 하지만 그들은 그런 현상을 아무에게도 말할 수 없다. 그렇게 하면 사회에서는 도태되기 십상이기 때문이다. 능력을 최대한으로 발휘하지 않는다는 것은 보기 좋은 일이 아니다!

로트린과 베르더는 "할 일이 없어서 그냥 퇴근 시간만을 기다리는, 빈둥거리며 시간을 때우는 자들은 그야말로 공포다"라고 말했다. 할 일이 많은 척해야 하는 사람들이 계속적으로 압박을 받는 사람보다 훨씬 빨리 지칠 수밖에 없다.

출·퇴근 시간엔 눈치가 필요하다

"사장은 늦어도 8시 반이면 사무실에 도착한다. 내가 9시에 사무실에 들어오면 사장은 눈살을 찌푸린다. 9시 3분에 들어와 '안녕하세요'라고 인사하면 사장은 대꾸도 하지 않는다. 칼퇴근을 하면 사장은 대놓고 '정각 6시에 가방을 싸는 직원'에 대해 욕한다. 그런데도 아직까지 나의 일처리에 대해 아무런 잔소리가 없던 걸로 봐서는 사장에게는 그저 출퇴근 시간과 업무 시간이 문제인 것 같다." _지몬(36세, 제약회사의 공보관)

예전에는 많은 회사가 출퇴근기록기를 두어 아침에 출근할 때와 저녁에 퇴근할 때 카드를 찍었고, 휴식시간까지 파악해 근무시간을 철저하게 체크하기도 했다. 많은 사람은 그것 때문에 지각하지 않고, 1분 1초도 허투로 쓰지 않도록 엄청난 압박을 받았다. 사실 사람들은 이렇게 물을 수 있다. 그토록 다양한 나라와 다양한 분야의 일을 하는 모든 직장인이 매일 일을 처리하기 위해 필요한 시간이 딱 8시간이라는 우연이 얼마나 다행인지.

고용주가 점차 출퇴근기록기를 포기하자 직원들에게 주어진 것은 무엇인가? 출퇴근자율제와 탄력근무제가 자유를 주었다고 생각하는가? 자유롭게 일하라는 말은 이제 되도록 많이 일하라는 뜻이 되고 말았다. 오래 일하는 것은 지위의 상징이 되었다. 계속 내실 있게 능률을 향상시킬 뿐만 아니라 시간을 많이 투입하는 사람이 가치를 인정받는다. 오늘날에는 경쟁하듯 제일 늦게 사무실을 떠나면서 사장에게 "안녕히 계세요" 혹은 "내일 뵙겠습니다"라고 말하고 있다.

몇 년 전부터 사무실에서 쉽고 빠르게 의사소통할 수 있도록 메신저 프로그램을 널리 쓰고 있다. 그것은 출퇴근기록기의 부활이나 마찬가지다. 게다가 놀라울 만큼 발전된 형태로 예전의 그것보다 더 효율적이다. 가령 9시 7분에 "토마스 마이어 님이 로그인 했습니다"라는 메시지창으로 모든 직원에게 토마스의 정확한 출근시간을 알려준다.

물론 살다보면 교통 체증에 걸리거나 지하철이 늦을 때도 가끔 있다. 그럴 때 당신은 10분이나 15분 정도 지각하게 된다! 중

범죄를 저지른 것도 아닌데 뒷문으로 살그머니 들어가다 상사에게 들키거나 사무실 복도에서 만나게 되면 부끄러운 나머지 죄송하다고 혼잣말처럼 중얼거리게 된다.

고작 10분 정도 늦게 사무실에 들어간다고 해서 그날의 일을 해내지 못할 사람이 누가 있을까? 하루에 10시간이나 12시간 내내 한결같이 집중해서 생산적으로 일할 사람이 누가 있을까?

그런데도 적은 시간으로도 많은 일을 해낼 수 있다는 생각은 그릇된 것으로 간주한다.

퇴근 시간이 지나서 밤까지 사무실에 불을 켜고 있는 사람이 책임감 있는 좋은 직원이라는 인식. 저녁 6시나 그 전에 자신의 업무를 마치고 집에 가는 사람은 예전처럼 효율적이고 시간관리를 잘한 게 아니라 게으른 직원이라는 인식, 이것이 현실이다.

근로시간법이 있다는 것을 알고 있는가? 모든 기업은 직원의 권익과 복지를 위해 근무시간에 대한 규정을 따라야 한다. 근로기준법에는 법정근로시간, 휴일, 휴가 등 다양한 조항이 있는데, 가장 중요한 규정은 '일주일의 근로시간은 휴게시간을 제외하고 40시간을 초과할 수 없다'. 즉 하루에 평균 8시간 이상을 근무해서는 안 된다는 것.

이례적인 경우에만, 예를 들어 원료나 생필품을 못 쓰게 되거나 작업 결과가 실패로 끝날 우려가 있을 때만 고용주는 보다 긴

근무 시간을 요구할 수 있다. 이런 예외적인 경우에도 근무시간이 1주일에 평균 48시간 이상을 초과해서는 안 된다. 이런 규정을 위반하는 고용주는 15,000유로까지 벌금을 물게 된다. 이러한 규정 위반을 계속해서 위반하는 사장은 징역형에 처해질 수 있다.

법의 정상성이라는 면에서 볼 때 하루 8시간 이상의 근무는 이례적일 뿐만 아니라 단어의 가장 진정한 의미에서 범죄적이기도 하다.

그렇지만 현실은 어떤가?

나인 투 파이브 근무는 오늘날 고루하고 게으르며 야망이 없는 자를 통칭하는 개념으로 본다. 그것은 예전에 출퇴근 시각을 기록하던 시절에나 통하던 사고방식으로 간주된다. 오늘날 불쌍한 직원들만 칼퇴근을 한다. 직장에서 먼 곳에 살기 때문에 퇴근 시간이 되자마자 가야 하는 사람들. 그런 사람들 말고 진지한 마음가짐으로 하루에 8시간만 일하려는 자는 오히려 성과거부자나 패배자의 영역에 속하게 된다.

독일경제연구소의 연구에 따르면 직장인의 64퍼센트가 하루 8시간 이상 일하고 있다. 모든 독일인을 합하면 매년 500억 시간 이상 일하는 셈이다. 직업연구기관의 노동 시장 연구에 따르면 그중 약 300만 명이 초과근무를 하고 있다고 추산한다. 그것은 다시 계약에 규정된 것보다 1인당 100시간 이상이 된다. 게다가 이렇게 발생한 초과근무에 수당이 지급되는 경우는 절반밖에 되지 않는다. 초과근무에 대한 수당을 받지 않고도 성과를 내겠다는 일념으로 자진해 야근하고 특근하는 사람들이 있는 한 회사에서 먼저 나서서 수당을 지급할 가능성은 없을 것이다.

심지어 아직 출퇴근기록기를 쓰는 곳에서는 퇴근시간이 되면 일단 카드를 찍고, 그런 다음 다시 사무실로 돌아가 몇 시간 더 일하는 경우도 있다. 이런 일에 동참하지 않는 사람은 근무거부자나 다름 없다.

휴대폰을 붙잡고 있어야만 하는 이유

"마침내 남편과 스키 휴가를 떠났다. 우리는 이미 세 번이나 휴가를 연기했고, 그중 두 번은 여행하기로 한 당일에 연기했다. 그때마다 짐은 다 꾸린 상태였다. 마침내 휴가지에 도착했고, 환상적인 눈과 날씨는 황홀했다. 리프트를 기다리면서 남편은 휴대폰으로 이메일을 썼다. 우리 차례가 되자 남편은 마지못해 올라타고는 초조한 눈초리로 리프트를 꽉 붙잡았다. 그는 다시 주머니에서 휴대폰을 꺼내더니 답장을 보냈고, 일주일 내내 틈틈이 일했다." _타트야나(35세, 어느 포럼에서)

스트레스와 지속적인 근무에 대한 강제는 다양한 중독증으로 발전했다. 인터넷 게시판에서는 중독증과 관련된 글들이 넘쳐난다. 즉 여자는 매일 회사에서 늦게 귀가하는 남편에 대해 불평하고, 남자는 토요일마다 컴퓨터 앞에 웅크리고 앉아 있거나, 심지어 식탁에서도 프로젝트에 매달리는 아내에 대해 불평한다.

함께 여가 생활을 하라고? 어림없는 일이다! 그들은 일이 없으면 오히려 지루해하고, 텔레비전 프로그램에도 집중하지 못한다. 고객과의 저녁식사는 '준 여가 시간'이라며 아무렇지 않게 여긴다. 그리고 잠시라도 누군가 자신의 서류를 가져가면 견딜 수 없어 한다.

일중독은 알코올의존증이나 약물중독처럼 질병이다. 일 중독자들은 결코 쉬는 법이 없다. 그들은 주말을 싫어한다. 그들은 반나절만 일하는 사람들을 마치 달나라에서 온 사람처럼 쳐다본다. 아무 일도 하지 않는다는 것은 그들에게는 악몽이나 마찬가지다. 그들은 자기 자녀가 어떻게 지내는지 거의 알지 못한다. 가족과 산책하는 중에 느닷없이 회사에 가는 일도 허다하다. 투명한 유리덮개 안에서 자신과 일만 존재하는 것처럼 살아간다.

"휴가라고? 말도 안 되는 소리!"

일이라 불리지 않는 것은 모두 마음에 걸려한다! 이미 오랫동안 나름대로 성취해냈기 때문에 경제적으로는 조금도 일할 필요가 없지만 말이다. 스트레스 강박에 더 이상 벗어날 수 없는 사람들이 특히 그렇다.

만약 이런 사람들을 병원에 보낸다면 어떤 일이 일어날까? 그들은 병원에서조차 분명 눈에 띌 것이다. 환자들끼리 탁구 대회를 열고 그룹별 모임을 만들어 그 안에서 왕성하게 활동하며 주도적인 역할을 한다. 이런 스트레스 강박은 이제 점점 더 젊은 나이대의 사람들에게까지 내려가 있다. 이미 대학에는 번아웃 증후군이 있는 대학생들을 위한 심리치료 복지기관이 있다. 심지어 그런 증상을 호소하는 중·고등학생들도 있다.

하지만 일 중독자들은 사회라는 거대한 쳇바퀴를 돌리는 존재다. 그런 이유로 경제와 사회 분야에서 존중받을 뿐만 아니라 사회적 모범인 양 타인들에게 제시되고 있다. 일중독은 고혈압, 이명이나 심장병 같은 질병 때문에 치료받기도 한다. 일 중독자들은 자기 자신이나 가족뿐만 아니라 동료 직원과 회사 전체에도 해가 된다. 특히 사장이 일 중독자라면 회사는 파멸에 이를 수도 있다.

주말에도 관리가 필요하다

"최근 회사 연수에서 각자 일요일을 어떻게 보내는지 발표하는 시간이 있었다. '그냥 아무 일도 하지 않으면서 몇 시간 동안 소파에 누워 있어요'라고 말하자 사람들은 당황하는 눈치였다. '친구들이 많지 않나요?'라고 묻기에 '네, 많지 않아요. 적은 편이죠'라고 말했다. 취미를 묻기에 소파에 누워서 가끔 텔레비전을 본다고 하자 강사는 나를 도와주려는 듯 '혼자 조용히 명상하며 보내는 것도 나쁘진 않다고 말했다. 그러나 난 명상 같은 건 전혀 하지 않는다고 답하자 다른 사람들이 어쩔 줄 몰라 하며 내게서 눈길을 돌렸다. 나는 그 시간 후 왠지 울적해져 화장실에 가서 5분간 앉아 있었다." _알리나(42세, 여성잡지 대표)

"퇴근 후에도 근무시간 때만큼 스트레스를 받는다는 건 열심히 산다는 증거가 아니겠어?"라고 말한다. 헬스클럽, 스페인어 학원, 베이킹 강좌, 여행 등등 아무것도 놓치고 싶지 않다면 이 정도는 보통이다. 오래전부터 사람들은 일을 떠난 공간에서조차 일을 하듯 모든 것을 관리한다. 아이들과 지낼 때나 쇼핑할 때, 이웃과 바비큐 파티를 할 때조차도 말이다.

당신이 살면서 입을 다물고 가만히 있을 때가 있다면 마트 계산대에서 줄 서서 차례를 기다릴 때가 아닐까? 그때도 기다리다 못해 이성을 잃어본 적이 있을 것이다. 슈퍼마켓 계산대에서 네 사람 이상 줄 서서 차례를 기다리면 어떤 일이 벌어지는지 살펴보라. 또한 엘리베이터에 타서 중간중간 문이 열릴 때마다 누군가는 닫힘 버튼을 마구 눌러댄다. 사무실 문은 단지 일 스트레스와 여가 스트레스 사이의 회전문일 뿐이다.

예전에는 가끔 친구들 혹은 그 누군가와 전화로 수다를 떨었다. 때로는 몇 시간 동안이라도, 머리에 헤어캡을 쓰고 얼굴에 팩을 붙이고서 말이다. 예전 같으면 너무 바쁜 사람들은 친구를 잃었다. 그러나 오늘날에는 친구에게 내줄 시간이 너무 많으면 친구를 잃게 된다.

요가 하러, 장 보러, 데이트하러, 모임에 참석하러, 스터디 하러. 또한 사무실에서처럼 멀티태스킹을 한다. 즉 그릇을 달그락

거리고, 종이를 바스락거리면서 통화를 하고 텔레비전 뉴스를 보거나 가족과 이야기를 주고받기도 한다.

즉흥적으로 한잔 하러 갈 시간이 있는 사람은 친구들한테 그리 매력적으로 보이지 않는다. 그래서 우리는 주말 모임 참석 초대에 대해 바로 의사를 밝히지 않는다. 거절도 수락도 뜸을 들여야 한다. 내가 얼마나 바쁜지 남들이 알아야 하니까.

"토요일에 파리에서 여동생이 찾아와 르네 폴레슈(저명한 독일 극작가)의 초연작품을 보기로 했어. 그러고 나서 새로 생긴 태국 레스토랑에서 음식을 먹기로 예약해두었어. 미안하지만 곤란할 것 같아."

그런데 이 모든 것이 30대와 40대 사이의 사람들에게만 적용되는 게 아니다. 오히려 일의 부담에서 벗어난 은퇴자들도 한가해 보여서는 안 된다. 주중에는 모임에서 포도주 특산지로 나들이를 가고 운동을 한다. 주말에는 손자 손녀들과 수영장에 가고 교회의 성가대 연습에 참석하고, 집안일을 돕는다. 월요일에는 정원사와 새로 심을 정원 식물에 대해 이야기를 나눈다. 심지어 여가 시간 스트레스는 은퇴 연령에 이르기까지 점점 더 증가하는데, 그 나이가 되면 스트레스가 정점에 달한다. 예전 연금생활자들은 "난 시간이 있어요"라고 아무렇지 않게 말했지만, 오늘날 그런 말을 하면 동정 어린 눈길을 받는다.

스트레스가 있는 사람에게만 친구가 있다

여가 시간도 하나의 도전이 되었다. 성공적으로 보내기 위해 전문가의 도움을 받는 것도 좋다. 주말 동안 해외 여행 다녀오기, 익스트림 스포츠에 도전하기, F1 자동차 경주 보러 가기, 매주 양조 세미나 참석하기 등등. 이제 이런 것들이 여가 시간을 어떻게 보냈는지를 가늠할 수 있는 기준이 되었다.

스트레스는 지켜보는 사람이 필요하다. 그렇지 않으면 사회적으로 적절한 스트레스가 아니다. 커다란 사무실이나 유리로 된 개별 사무실에서는 책상 위의 서류 몇 개로도 스트레스를 전시하기 편하지만, 여가 스트레스의 경우는 다르다. '노모포비아'라고 들어보았나? 휴대폰이 없으면 불안함을 느끼는 증상을 말한다. 타인과 연결되어 있지 않다는, 연결될 수 없다는 데서 오는 불안감이다. 사람들은 서로 인터넷에서 트위터, 페이스북 등 소셜 네트워크를 통해 쉴 때조차 끊임없이 소식을 전한다.

"엄마 때문에 또다시 나가서 심부름을 해야 할 판."

"얼마 전에 발견한 예쁜 카페에서 커피를 마시며 곰곰이 생각하는 중."

"이 기차역 매표기는 매번 고장이야! 아우, 열받아."

하나하나의 호흡이 모두 사건이 되고, 당신의 삶은 그런 식으로 삐걱거린다.

전에 같이 저녁식사를 하면서 스마트폰을 옆에 놓고, 진동이 울리거나 빨간 불이 반짝이면 얼른 이메일을 확인하는 사람들을 보고 꼭 저렇게 해야 하느냐고 놀려댔다. 대부분 그런 사람들이 아무 일도 아닌데 굉장히 바쁜 척한다고, 중요한 사람인 척한다고 웃음거리의 소재로 삼았다. 왜냐하면 이메일 대부분이 별 내용이 아니기 때문이다. 저녁식사 후가 아니라 심지어 과감하게 다음 날 아침에 확인해보아도 아무 문제가 없을 일이다. 오늘날에는 대부분의 사람들이 식사할 때, 잠잘 때, 섹스할 때, 일할 때도 물론이지만 계속 진동하고 불이 반짝이는 스마트폰을 옆에 둔다.

이 모든 것은 쉽게 받아들일 수 있는 사적인 도전일 뿐이다. 트위터를 통해 멀리 있는 어떤 아는 사람이 바로 지금 사탕수수에서 얻은 갈색 설탕을 차에 탄다고 알린다. 즉각 의견을 피력한다. 페이스북을 통해 다다음주에 있을 파티 초대장이 도착한다. 벌써 세 번째다. 무료 문자메시지 전송서비스를 통해 제일 친한 여자친구가 같이 커피마시는 것을 연기한다. 즉각 다음 약속 날짜를 정한다. 애플리케이션을 통해 커플들을 위한 새로운 조리법이 도착한다. 즉각 의견을 피력하고, 쇼핑용 종이쪽지를 떼어낸 후 파트너와 시음 날짜를 정한다.

오늘날 여가 스트레스와 비교해볼 때 과거의 몇몇 뉴스는 얼마나 소박한지 모른다. 휴대폰으로 회사 메일을 확인하는 사람들을 일 때문에 스트레스를 받는 상황에 대해 가식을 떤다고 비웃었다.

이 모든 스트레스에도 불구하고 사람들이 실제로 휴식과 긴장완화를 추구한다 해도 이것은 오늘날 다시 스트레스가 되었다.

집 욕조에 누워 무엇을 하는가? 전에는 목욕을 즐기며 전혀 아무 일도 하지 않았다. 그 때문에 목욕을 했다. 오늘날 당신은 목욕을 하며 자극, 균형, 활기, 피부의 팽팽함, 명상, 저항력 증강 중에 어떤 활동에 몰두할 것인지를 선택할지 곰곰 생각해야 한다. 욕탕의 방향제도 일정한 용도를 겨냥해 놓아야 하고, 이제 목욕도 일종의 스트레스가 되고 있다.

명상과 느리게 살기는 소개팅을 통한 연인 찾기나 세탁소에 셔츠 맡기기 같은 해야 할 일 목록에 적혀 있는 과제다. 모두 제대로 처리되어야 하는 이런 것들은 다른 과제들과 함께 경쟁하여, 너무나 자연스럽게 직접 스트레스를 야기한다.

우리는 그룹 모임과 포럼에서 전에는 그냥 간단히 한 번에 한 시간씩 발코니에 앉거나 정원에 마주 앉아 호랑이 무늬를 지닌 고양이를 지켜보며 대화를 나누었을 현상을 부풀려 말한다. 그렇지만 이제 그것은 더 이상 그리 간단하지 않다.

여가의 목적은 더 이상 푹 쉬는 것이 아니다. 요즘 사람들은 다 써버린 에너지를 충전하고, 어떤 문제에 대해 곰곰이 생각하고, 일할 수 있는 상태나 정신으로 돌아오는 것을 여가의 목적으로 여긴다. 이 모든 것이 철저하게 목적을 겨냥하는 행위다. 유럽인들은 요가, 명상, 기공, 태극권과 같은 아시아적 기예를 통해서만 긴장 완화를 할 수 있다고 생각한다. 다른 것들은 스트레스를 받는 여가생활에서 대단한 주목을 끌지 않을지도 모른다. 전에 사람들은 휴가에 대해 자율적이라는 개념밖에 몰랐다.

「슈피겔」지는 '디지털 시대의 빈둥거리는 기술'에 대해 보도

하고, 「포커스」지는 "긴장 완화의 생물학, 몸과 마음을 올바르게 충전하는 기술"에 대해 조언한다. 두 가지 모두 10페이지가 넘는 지면으로 구성된 머리기사였다.

첫째, 디지털 시대 사람들은 이전 시대와는 다른 방식으로 휴식을 취한다. 둘째, 이처럼 휴식을 취하는 것도 배워서 익혀야 할 기술이지, 가벼이 생각하거나 누구나 할 수 있는 게 아니다. 그러므로 휴식은 자신의 사생활에 약간 더 스트레스를 받더라도, 주도면밀하게 계산하고 실행하고 의사소통을 하고 성취해야 할 그 무엇이라는 것이다.

유력 매체의 헤드라인을 장식할 정도의 기사라면 개개인의 삶에 지대한 영향력을 발휘할 것이고, 구독자들은 그것을 그만큼 가치 있다고 여길 것이기 때문이다.

4장.
인생도 리셋이 가능하다면

어리석은 의미부여 강박

몇백만 년 전으로 시간여행을 떠나보자. 지구가 막 만들어졌다. 당신은 두 사람 중의 한 명인 이브다. 에덴동산에 산다. 검푸른 강, 번쩍이는 보석, 열매가 주렁주렁 달린 과수원이 그곳에 있다. 당신은 아무것도 걱정할 게 없다. 당신 입에는 음식이 가득 담겨 있다. 그냥 먹기만 하면 된다.

안타깝게도 당신에게 곤란한 일이 일어났다. 당신과 아담은 금지된 나무에 달린 과일 하나를 맛있게 먹었다. 그러자 신이 나타나 당신과 아담을 꾸짖었다. 그리고 신은 가장 고약한 형벌을 내렸다.

"천국을 떠나 앞으로는 평생 힘겹게 먹고살아가야 한다"라고 신이 당신과 아담에게 호통쳤다. 나중에 성서에는 두 사람이 땅을 경작하기 위해 천국에서 추방되었다고 보고할 것이다.

갑자기 일을 해야 하다니, 이 얼마나 비극적인 처벌인가!

다시 현재로 되돌아오자. 당신은 어쩌면 이브처럼 여성일지도 모른다. 혹시 국가기관이나 인터넷 사이트에서 이런 글귀를 본 적이 있는가? "여성도 사회적으로 활동하며 능력을 발휘할 수 있도록 최대한 지원하겠습니다." "나이, 학력 등 취업 제한을 철폐하고 누구나 일할 수 있도록 지원을 늘려가겠습니다."

특히 여성들은 지난 수십 년 동안 일할 권리를 얻기 위해 끈질기게 싸워왔다! 오랫동안 남자들만 아침에 집을 나가 돈을 벌어왔다. 나중에 정치가들은 민법전에 이런 문장을 추가했다.

"부부 양쪽 모두 생업에 종사할 권리가 있다."

갑자기 일해도 된다니! 이 얼마나 커다란 행복인가! 도대체 수백 년 동안 무슨 일이 일어난 걸까? 천국 같은 땅에서 추방된 인류에게 처벌로 내려졌던 일이, 열심히 싸워 얻어낸 행복의 권리로 어떻게 변신할 수 있었을까? 어떻게 그토록 혐오스러운 것에서 열망해 마지않는 것으로 변할 수 있었을까?

일하지 않는 삶은 진짜 무의미할까?

"나는 드디어 3월에 그동안 미뤄두었던 일주일간의 휴가를 받았다. 여행을 떠나지 않고 다섯 살 난 아들과 함께 오전 11시에 놀이터에 갔다. 이웃 여자가 어린 딸과 함께 벤치에 앉아 있었다. 약간 떨어진 거리였지만, 나는 이 어머니가 우리 아들에게 말하는 소리를 들었다. '너의 아빠 직장 안 나가시니? 곧 취업하겠지. 언제까지 그렇게 살 수는 없을 테니까.'" _토비아스 (38세, 어떤 소도시의 회사원)

"최근에 동창생들끼리 아비투어 시험 10주년 기념회를 가졌다. 한 친구가 우리에게 초대한다고 메일을 보냈는데, 당연히 그의 사적인 이메일이 아닌 회사 이메일 주소를 이용했다. 이메일 아래의 서명으로 은근히 자신이 은행의 고객 담당 팀장인 것을 자랑했다. 그러자 제대로 판이 벌어졌다! 모두 자신의 이 메일 아래의 서명란에 자기가 어떤 일을 하고, 어떤 위치에 있는지 적어놓기 시작했다. 온통 파트장, 팀장, 본부장으로 넘쳐 났다. 나는 회사 이메일 주소가 없었고, 심지어 남이 부러워할 만한 직업명도 없었다. 결국 나는 모임에도 참석하지 않기로 결정했다." _미누(29세, 간호사)

성서에서 지구가 만들어지던 첫날에만 일이 벌로 여겨졌던 것은 아니다. 자진해서 벌을 받으려고 하는 사람은 아무도 없다. 일이란 그 후에도 아주 오랜 세월 동안 처벌로 인식되었다. 엄밀히 말하자면 일이 축복을 가져다주는 것이라고 찬미하기 시작한 것은 사실 수십 년이 채 되지 않았다.

수렵채집 생활을 할 때 사람들은 일주일에 몇 시간만, 먹고사는 데 필요한 만큼만 일했다. 사회학자 마샬 샐린즈는 「석기시대 경제학」이라는 연구 논문에서, 당시에 일이란 기껏해야 아르바이트 정도의 파트 타임 잡이란 사실을 밝혀냈다! 아무도 일 그 자체를 위해 일하지 않았다. 아무도 일이 행복이나 자기실현, 삶의 의미를 가져다줄 것이라고 기대하지 않았다.

고대에는 일이란 무언가 지저분하고 명예를 훼손하는 것이었다. 노예와 농노는 일을 해야 했다. 돈이 있는 자, 사회의 엘리트 계층에 속하는 자는 일할 권리를 위해 투쟁한다는 것을 꿈에도 생각하지 못했다. 그런 사람은 어떤 상황에서든 일하지 않으려고 했다. 자신이 대단하다고 생각하는 사람은 일하지 않는 것으로 자신의 지위를 드러냈다. 그렇게 사람들은 일을 나쁜 것으로 간주했다.

일이 사람을 무디게 하고 타락시킨다고 단정 짓던 시기도 있었다. 곰곰이 사색하며 토론할 시간이 있는 한가로운 삶을 누구나 추구했다. 그리스의 철학자 디오게네스[4]가 이러한 삶의 본보기를 완벽하게 구현했다. 육체노동으로 자신을 혹사하는 대신 물질적 요구 수준을 낮추고 통속에서 살았다. 그는 어떤 아이가 맨손으로도 물을 받아먹을 수 있는 것을 보고 자신의 물컵을 내던져 버렸다.

중세에도 일은 여전히 인간에게 부담스러운 짐이었다. 수도원의 승려들은 일을 무엇보다도 속죄로 간주했으므로, 여전히 일을 추구할 만한 대상으로 보지 않았다.

16세기에 들어서야 일에 대한 생각이 달라지기 시작했다. 그

---

4 디오게네스Diogenes, B.C. 412~323: 금욕적 자족을 강조하고 향락을 거부하는 견유학파의 한 사람으로 반문화적이고 자유로운 생활을 실천한 고대 그리스의 철학자.

런데 일의 전체 역사를 살펴본다면 좀 늦은 감이 있다. 독일의 종교개혁자이자 신학자인 마르틴 루터는 갑자기 일에 대해 직업이란 단어를 사용했다. 그는 직업이라는 표현으로 일은 신이 인간에게 내린 의무의 이행이라는 고상한 의미를 부여했다. 갑자기 모든 것이 뒤집어졌다. 아담과 이브에게는, 그리고 그 후로도 계속 신이 내린 형벌이었다면 이제는 일을 하지 않는 것이 괴로운 것이 되었다. 지금까지 늘 짐과 의무로 여겨졌던 일이 갑자기 특별한 아우라를 얻게 되었다.

산업화는 인간을 시계에 맞춰 움직이게 만들었고, 매일 더 효율적으로 일하게 되었다. 쉬지 않고 일하는 것이 특별한 효력을 발휘하게 되었다.

오늘날에는 일하지 않는 사람, 일에 삶의 의미를 두지 않는 사람, 일이 삶을 충만하게 해주는 핵심이라고 생각하지 않는 사람은 가치 있는 인간이 아니다. 전에는 실업이 유일하게 사회적으로 허용 가능한 삶의 방식이었다면, 오늘날은 이로 인하여 사회의 여타 구성원들에게 낙인 찍혀 특히 시달린다. 다음의 이야기가 그런 사실을 알려준다.

일자리를 창출하는 것, 실업자 줄이기, 은퇴 연령 늦추기 등 사람들을 일하게 하는 것이 수십 년 동안 모든 정부기관의 목표이다. 선거 때마다 정당에서 온갖 공약으로 내세우는 단골 메뉴이기도 하다. 일자리를 만드는 것은 많은 정치적 결단에 영향력을 끼치는 사화적 이슈다. 모든 사람에게 일할 수 있는 기회를 부여하는 것은 말할 것도 없이 중요하다.

하지만 오늘날 실업자를 언제 어디서나 해결해야 하는 문제점으로 명백하게 규정할수록 '일자리가 없는 사람은 인간이 아니다' '일하지 않는 사람은 인간이 아니다' '곧 일하지 않는 사람은 사람답지 못하다'라는 인식이 사회 전반적으로 굳어졌다.

독특하게도 현대 사회는 실업자를 일자리를 찾는 사람, 정확히 '구직자'라고 부른다. 왜냐하면 일자리가 없는 사람은 반드시 일을 찾아야 하고, 일자리를 찾는 사람만이 일을 할 수 있기 때문이다. 반면에 일자리가 있는 사람은 직위를 갖고 품위 있게 살아간다. 직위와 품위는 같은 동전의 양면이다.

직위를 갖지 못한 사람들은 사회적으로 대접받지 못하고 무시당한다. 실업자들을 조사한 바에 따르면 대부분 실업 상태에 있는 동안 친구들과 연락을 끊고, 아이들은 학교에서 놀림을 당하며, 일부 의사들은 치료를 거부했다고 한다. 애인도 배우자도 일자리가 있는 삶을 찾아 떠난다.

고대에는 사람들이 일하며 시간을 보낸다는 것을 숨겼을지도 모른다. 오늘날에는 누군가를 알게 되면 대뜸 이런 질문부터 한다. "직업이 뭐예요?"

결혼정보회사는 엘리트를 소개해준다고 광고한다. 그리고 이러한 엘리트는 두말할 것 없이 직업명에 따라 정해진다. "의사, 변호사, 검사, 언론인 … 지금 만나보세요."

직업에 따라 삶의 의미와 가치가 달라진다고 믿는 사이 우리는 더없이 어리석은 타이틀에 집착하기 시작했다. 전에는 명함이라는 것을 갖지도 않았을 사람도 오늘날에는 개발협력 디렉터, 전략수립 실행매니저로 활동한다. 또한 적어도 유럽, 중동 및 아시아 지역 펀드 관리자라거나 전략 변화와 제휴 관련 프로젝트 매니저, 그 밖에 무언가의 팀장이다. 실제로는 있지도 않은 직위를 명함에 박아 대외용으로 가지고 다니기도 한다.

경영진의 수석비서로 오래 일했던 카타리나 뮌크(가명이다!)는 『그리고 내일은 그를 죽여버릴 거야Und morgen brigne ich ibn um』라는 책에서 매니저들조차도 가로 9센티미터, 세로 5.5센티미터짜리의 명함을 얼마나 애지중지하는지 모른다고 이야기한다. 모든 사장은 명함의 교정쇄를 대단히 꼼꼼히 그것도 직접 검토한다. 세상사를 잊고 다양한 종이 질과 강판 화법으로 찍은 명함의 글씨를 차분히 손으로 문지르기 위해 모든 회의가 중단된다. 감격한 나머지 감정이 고조되고, 남몰래 기대에 찬 즐거운 기분이

퍼진다. 그녀는 모든 분야의 직장인들이 온갖 수단을 다하여 명함 위의 지위를 위해 분투하는지, 명함을 다루는 순간을 이렇게 묘사한다.

그 순간만은 모든 세상사를 잊고 종이의 결을 쓰다듬거나 올록볼록하게 솟게 하거나 음각 처리된 글씨의 감촉을 느끼는 데 몰입한다. 이들은 감격한 나머지 가슴 가득히 뿌듯해하고, 얼굴엔 행복이 가득하다.

우리는 명함을 심지어 무덤 속까지, 더 정확히 말하자면 무덤 위에까지 가지고 간다. 비석과 부고에는 고인의 이름, 생년월일, 사망일, 연령과 같은 몇 안 되는 정보도 기재할 공간이 별로 없다. 그런데 그가 갈색 눈인지, 좋은 가문 출신인지, 열정적으로 소설을 즐겨 읽었는지 등의 사항은 넣지 않는다. 대신 많은 비석과 거의 모든 부고에 전문 자격증, 평생 교사, 의사와 같은 직업명이 적혀 있다. 제대로 된 직업명을 통해 스스로 삶에 의미와 내실을 부여하지 못한 사람은 땅 밑에서보다 무덤 위에서 더 초라해 보인다.

유감스럽게도 이것도 벌써 한참 전에 통용되었던 사실이다. 연구 결과 일자리를 잃으면 삶의 동반자가 사망했을 때처럼 많은 사람이 실의에 빠진다는 사실이 입증되었다.

개인의 이메일주소를 사용하지 않는 사람들이 점점 더 늘어나고 있다. 많은 사람이 사적으로 아는 사람들에게 회사 이메일로 연락하라고 한다. 언제든 확인할 수 있다는 이유에서.

하지만 분명한 것은 이러한 상황으로 인해 타인을 더욱 의식하게 된다는 것이다.

일이 너무 재미있다는 사람

일이 삶에 의미와 즐거움을 주고, 삶에 완벽한 가치를 부여하기 때문에 우리가 이런 압박에서 벗어나기란 쉽지 않다.

오늘날 사회는 많이 일하고, 열심히 일하는 것만으로는 만족하지 않는다. 마냥 지쳐 있거나 무기력해 보인다면 곤란하다. 일이 너무 즐거워 거의 미칠 지경임을 보여줘야 한다. 그것을 설득력 있게 보여주지 못하는 사람을 수상쩍게 여긴다.

들으면 누구나 알 만한 대기업에서는 일에 재미를 느낄 의무를 이미 근무 계약서에 명시해 놓고 있다. 활기차게 생활할 것, 우울하거나 조금이라도 지쳐 있는 모습을 보인다면 인사고과에서 좋은 점수를 받을 수 없으며 투덜대는 직원은 경고를 받기도 한다.

우리 사회는 일에 확고한 의미를 부여한다. 일이란 가치와 의미, 무한한 재미까지! 오늘날 어떤 기업도 단순히 그저 아무렇게나 일을 시키지 않는다. 회사는 비싼 돈을 들여 세미나를 하고 직원들이 일을 통해 삶의 의미를 깨닫도록 교육한다.

수백만의 사람들, 즉 단순히 자신의 생계비를 벌기 위해서만 일하는 모든 사람은 매일 이러한 현실과 자기 자신 사이에서 회의하고 갈등한다. 일하면서 즐거워하는 모습을 보이는 게 어디 쉬운 일인가? 과연 일이 그토록 재미있는가? 일을 통해 자아실현을 한다고 해서 계속 기쁨이 넘치지 않는다. 그들은 스스로에게 묻는다. 사람들이 이러한 직업을 가진 내게 기대하는 이 모든 열정을 나는 어디서 얻는단 말인가?

이는 요구와 현실이 너무나 다르기 때문에 일어나는 일이다. 갤럽연구소는 매년 근로자가 정서적으로 직장에 얼마나 강한 연대감을 느끼는지 책임감 지수를 측정한다. 매년 연구 결과를 보면 정말 정신이 번쩍 들 정도다. 독일 근로자의 거의 90퍼센트는 직장에 대한 아무런 유대감을 느끼지 못하거나, 아주 미미하게 느낄 뿐이다. 이 통계대로라면 매일 직장에서 좌절을 겪는 사람들이 독일에서만 거의 3500만 명이나 되는 셈이다.

갤럽 조사에 의하면 거의 4분의 1은 '직장에서 적극적인 책임감을 못느낀다'고 답했는데, 처음에는 이 대답의 의미가 무슨 뜻인지 전혀 몰랐다. 즉 4분의 1은 마음속으로 사표를 냈을 뿐만 아니라 회사의 이해관계에 반하여 일한다는 뜻이다. 기업의 중요한 서류들은 책임감 없는 이들의 부주의로, 먼지에 파묻힌 서가 뒤에 자리 잡고 있다. 일에 부담을 느끼는 것을 생각하면 전혀 놀랄 일도 아니다. 불만 가득한 직원들은 사장을 고발하는 신랄한 내용이 담긴 투서를 날리고, 퇴사한 직원은 회사의 비리나 정보를 기자들에게 넘기는 경우도 허다하다. 이런 현상을 '공익 제보' 혹은 '내부 고발'이라 부른다.

많은 직원이 복사지 묶음이나 마침 자기 집에 떨어진 커피믹스 봉지를 매일 챙기면서 아무렇지 않게 연봉 인상을 희망한다. 회사 비품을 사무실에서 빼내면서도 아무런 죄의식을 느끼지 않는다. 회사를 위해 그토록 스트레스 받아가며 고생하니 이 정도는 아무것도 아니라고 생각하는 것이다.

갤럽 조사에 의하면 66퍼센트의 사람들은 적극적으로 게으르지는 않지만 규정에 따른 근무를 독일 근로자의 11퍼센트만 하고 있다. 이들은 세 번째 그룹에 속한다. 그들은 고용주와 정서적 유대감이 높아 맡은 일과 자신을 동일시하며, 일에서 실제 의미와 기쁨을 체험한다.

우리는 그동안 이 책을 위해 사람들이 일하면서 무엇에 시달리는지 상세히 연구했다. 코칭, 상담, 워크숍, 이메일 등으로 만난 많은 사람들을 통해 얻은 결론은 하나다. 우리가 일이라는 것을 직시할 필요가 있다는 것. 일에서 의미, 재미, 자아실현을 느끼는 사람은 별로 없다. 오히려 그 반대다. 이상론으로 직업을 선택하고, 실제로 무언가를 움직이려고 하고, 직업생활에 보다 높은 의미를 부여하는 사람들, 바로 이런 사람들이 종종 현실에, 즉 일상적인 틀에 박힌 일, 특히 행정 업무처럼 극히 진부한 일에 크게 실망한다.

그리고 무엇보다도 어떤 개별적인 인간이란 세상에서 언제나 작은, 아주 작은 바퀴 하나만을 돌릴 수 있을 뿐이라는 사실을 인정하기 힘들어한다.

살기 위해 일하는 것, 그냥 성실히 시간을 돈과 바꾸는 것, 이러한 입장이라면 어느 정도는 견뎌낼 수 있을지도 모른다. 하지만 일하면서 의미와 재미를 느끼고 보여주어야 한다는 사회적인 압박이 본격적인 스트레스를 일으킨다. 직업에서 열정을 보이지 않는 사람은 동정만 받을 뿐이다.

퇴근 후에도 자아실현은 계속된다

일을 통해 스스로 자아실현과 보다 높은 의미를 부여하듯이 오래전부터 사회는 일이 끝난 후에도 의미를 부여하고 있다. 예전에는 그냥 가볍게 산책하던 시절이 있었다. 그러나 오늘날 사람들은 산책을 하면서 모두 무언가를 한다. 자전거나 인라인스케이트를 타고, 덤벨을 들고 파워워킹을 한다. 이제 목적 없는 산책은 없다. 건강을 위해서든 다이어트를 위해서든 저마다 야무진 목표가 있다. 아무 생각 없이 산책하는 사람은 자신의 가치 있는 인생을 허비하는 셈이 된다.

의자에 앉아 텔레비전을 보면서도 복부에 진동 벨트를 꽉 졸라맨다. 그러면 텔레비전을 보는 중에 운동이 된다. 또 책상 서랍에서 색색의 조그만 플라스틱 공을 모아 틈틈이 힘껏 주무른다. 그러면 쉬는 중에도 에너지가 충전된다.

　사람들은 식사라는 말에 이미 그 자체로 꽤 괜찮은 의미가 담겨 있다고 생각한다. 식사는 생명을 유지시켜주고, 사람들이 할 수 있는 가장 뜻깊은 활동 중의 하나다. 하지만 오늘날 그것으로는 더 이상 충분하지 않다.

　고기를 먹지 않으면 그로 인해 동물과 기후를 보호하는 셈이 된다. 다시 말해 소의 되새김질은 메탄가스를 방출하여 지구온난화를 가속화한다. 슬로푸드와 패스트푸드 사이에서, 산지 직송 브로콜리와 냉동 브로콜리 사이에서 당신은 매일매일 갈등하며 결정을 내린다. 이 모든 행동은 실질적인 이익보다 마음의 짐을 내려놓기 위한 것일 때가 많다.

　사회적으로 옳은 행위, 지구의 미래에 도움이 되는 행위를 하고 있다는 선택은 스스로의 만족일 수 있다. 불필요한 물건이나 일 등을 줄이고 꼭 필요한 물건만 사용하며 살아가는 단순한 생활방식인 '미니멀 라이프'가 유행할 줄 누가 알았겠는가.

5장.
가장 당신다운 길은
하나밖에 없다

완벽하길 기다리다가 놓쳐버리는 삶

찬장에 뮤즐리 한 봉지가 들어 있다고 생각해보자. 뮤즐리는 귀리, 말린 과일, 견과류 등의 혼합물로 우유에 타서 아침식사 대용으로 먹는다. 뮤즐리에 대해 인터넷으로 조사하고 전문가 집단에게 조언을 구한 결과 182센티미터 키에 72.5킬로그램의 몸무게를 가진 32세의 남자에게, 특히 스트레스가 많은 직업인 은행원인 남자에게는 호박씨의 함량을 줄이고 무화과의 함량을 늘리는 게 좋다는 결론을 얻었다. 전에는 어떻게 했을까?

전에 당신은 이런 일에 전혀 관심이 없었을지도 모른다. 왜냐하면 뮤즐리는 완성품으로만 살 수 있었을 테니까. 그렇거나 아니면 살 수 없었을지도 모른다.

오늘날 당신은 뮤즐리를 마음대로 배합할 수 있다. 호박씨가

3퍼센트 든 것으로 할지 또는 4퍼센트 든 것으로 할지 스스로 정할 수 있다. 이제는 어떤 비율이 완벽한지를 아는 것이 매우 중요하다.

모든 질문에는 정확히 하나의 올바른 답변이 있다.

여자친구가 있다고 가정해보자. 그녀는 갈색 머리, 갈색 눈, S 라인의 몸매, 풍부한 교양과 상식, 유머까지 겸비한 여자다. 에다 음악가 쇼팽을 좋아하고, 현대 대중문학에 관심을 두고 있다. 그러나 현재 여자친구가 만족스럽지 않다.

인터넷 게시판에 여자친구에 대해 글을 올려본다. 네티즌들은 이를 놓고 일주일 넘게 끈질긴 토론을 벌인다. 당신은 이들의 이야기를 듣고 다음과 같이 생각하게 되었다.

182센티미터의 키에 72.5킬로그램의 몸무게의 32세 남자로 스트레스가 많은 은행원인 나에게는 쇼팽보다는 대중적인 록 뮤지션을 좋아하고, 현대 대중문학에 대해 질문하지 않는 여자친구가 더 좋겠다고.

오늘날 인터넷에서 당신에게 딱 맞는 연인을 찾을 수 있다. 중매사이트나 데이트앱에서 당신의 프로필을 보고 잘 맞을 것 같은 파트너와 '매치'시켜 준다. 특별한 중매인을 통해 무척 특정한 관심을 가진 파트너들, 예를 들어 직업은 의사로 개를 소유하고 있고, 비염이 있으며 왼손잡이의 사람과 만날 수 있다.

현대의 커뮤니케이션은 사람들이 필요로 하는 것과 사람들에게 완벽하게 적합한 것이 세계 어딘가에는 꼭 있고 그것을 찾아내 모두 가질 수 있다고 가르친다. 인터넷에는 모든 것을 가려내고 테스트할 수 있는 페이지들이 있다. 심지어 은밀하고 비밀스러운 영역으로 여겨지는 '애인 혹은 이성과 나누는 키스 테크닉'과 더 내밀한 세부사항에 대한 평가까지 말이다.

사람들은 인터넷의 이러한 내용을 자기 삶의 올바른 길잡이인 양 여기고 반영한다. 뮤즐리, 주스, 차나 커피, 잼, 초콜릿, 운동화, 아파트, 주거지, 인생의 동반자, 시부모 등 주제는 당양하지만 답에서는 타협이 없다. 어딘가 존재하는 단 하나의 올바른 답을 찾아 사람들은 검색하고 또 검색한다.

오늘날 삶의 어떤 문제에 대해 이러한 노력 없이 대충 결정했다고 가장 친한 친구에게 이야기한다면 그는 일단 안 됐다는 듯이 2, 3초 동안 위아래로 찬찬히 훑어볼지도 모른다. 사생활에서도 더 이상 실수를 저질러서는 안 된다. 실수란 100퍼센트 올바르지 않은 것이라는 인식이 팽배하다.

이렇게 우리는 우리의 삶을 관습화한다. 모든 것을 극히 상세한 내용까지 스스로 정할 수 있다. 하지만 바로 그것이야말로 스트레스를 발생시키는 일이다. 단 하나의 올바른 결정만이 존재하기 때문이다. 즉 하나의 올바른 뮤즐리, 하나의 올바른 연인이 존재한다. 콘돔마저도 약간 끼지 않도록 주문 제작할 수 있다. 콘돔 판매회사는 이렇게 선전한다. "완벽한 크기를 찾으세요. 만족을 보장하고, 불만족 시에는 환불해 드립니다."

하루에 56그램의 호두를 섭취하면 당신의 혈관이 좀더 신축성 있어진다는 사실을 알고 있는가? 두 달 정도 섭취하면 벌써 긍정적인 효과가 나타난다! 약학 잡지 「디아베테스 라트게버 Diabetes Ratgeber」가 그렇게 보고하고 있다. 하지만 조심해야 한다. 54그램은 충분하지 않은 반면, 60그램은 칼로리가 너무 많아서 반대로 건강을 해칠 수 있다. 정확해야 한다.

당신은 수백 개나 되는 프로그램 중에서 어느 하나를 선택하지 못한다. 어떤 음악 방송 프로그램을 본다고 해도 당신의 음악 취향에 96퍼센트만 맞거나, 그 이하일지도 모른다. 인터넷의 수많은 개인 방송을 통해 개개인에게 완벽하게 맞는 방송을 실행하도록 선택할 수 있다.

매일매일 텔레비전, 신문, 잡지에서 수많은 전문가들이 당신에게 조언을 해주려고 한다. 집을 팔 것인지, 경매에서 취득할 것인지, 장미를 심을 것인지 꺾을 것인지, 스테이크를 구워 먹을 것인지, 부채를 갚을 것인지, 결혼을 위해 프로포즈를 할 것인지, 아이들을 낳아 기를 것인지, 레스토랑을 열 것인지, 이성친구와 잠을 잘 것인지, 톱스타나 모델 또는 개업의가 될 것인지, 벼룩시장에서 잡동사니를 팔 것인지, 이웃과의 분쟁을 조정할 것인지, 우리 집 수족관의 네온테트라(열대어의 일종)에게 먹이를 줄 것인지에 대해서. 다른 선택을 하면 돌이킬 수 없는 큰 일이 벌어질 것만 같다.

남녀의 역할에 대한 이해에서조차 넓은 스펙트럼이 존재한다. 하지만 이 경우에도 분명한 한 가지 사실은 남자도 여자도 지금까지의 '전형적인' 모습대로 살아서는 안 된다는 점이다.

몇 년 전부터 유럽에서는 광고에서 '성역할에 대한 고정관념'을 어느 정도까지 금지해야 하는지 정치인들까지 토론하고 있다. 광고에서 차는 더 이상 남자가 구매해서는 안 되고, 세제는 더 이상 여자가 구매해서는 안 된다. 반대로 결론을 내리면 다음과 같을지도 모른다. 광고에서 자동차는 여자만 구매해야 하고, 세제는 남자만 구매해야 할지도 모른다. 양 극단 사이에는 무수히 많은 다양한 선택이 가능한데도 말이다. 마치 모든 커플에게 정확히 하나의 올바른 역할 분담이 있다는 듯이.

모든 것을 위한 하나의 두꺼운 카탈로그가 있기 때문에, 이 카탈로그가 모두를 위한 하나의 완벽한 물품을 담고 있기 때문에,

오늘날 일상은 이러하다. 욕망을 분석하고, 정보를 모으고, 또 정보를 살펴보며 자꾸 저울질한다. 사무실에서 그러는 것처럼 일상에서 모든 문제를 계속 최적화한다. 특히 남자들의 경우 집에서 가족과 함께 있을 때 걸핏하면 기업 컨설턴트의 역할에 빠져든다.

> "나는 집에서 일하고, 그러면서 우리의 두 아이 벤야민(5세)과 블란디나(3세)를 돌본다. 남편은 저녁과 주말에 가끔 사무실을 나와 집에 잠깐 들른다. 그는 집에서 일어나는 일상적인 일에 대한 몇몇 이야기를 듣고, 즉각 최적화 제안을 한다. '큰애가 이발소에 간 동안 당신은 작은애를 데리고 옷가지를 사러 갈 수 있어. 우리가 아쿠아 스톱을 설치하면 집에 아무도 없을 때 식기 세척기를 돌릴 수 있어.' 모든 일에서 그는 자신의 사무실에서 하는 것처럼 즉각 개선 방법을 스스로에게 묻는다. 개선 방안을 제안하고 나면 그는 다시 꾸벅꾸벅 존다." _마를레네 (39세, 시간제 근무 변호사)

폭 넓은 선택 가능성과 그와 연관된 완벽 강박증은 또 다른 후속 강박을 야기했다. 더 나은 무언가가 언젠가 나타날 거라고 믿으며 더 좋은 일자리, 집, 이성친구, 신발 등이 나타날 때까지 결정을 유보하는 것이다. 그때까지 기다릴 줄 아는 유연한 마인드가 없는 사람은 자기 삶을 적극적으로 개선할 의지가 없는 사람으로 여겨진다.

전에는 사람들이 특별히 애를 쓰지 않아도 당연히 모든 인간은 유일무이하다는 전제에서 출발했다. 그럼에도 오늘날 모두 개성 경쟁에 빠져 있다. 그 경쟁에 합류하지 않으면 금방 그렇고 그런 대중의 일원이 되고 만다. 요즘 어디서나 통용되는 '창조적으로 생각하라'는 강제도 그것과 같은 맥락이다.

즉, 이 말은 모두가 모든 가능성을 검토하고, 그런 다음 쉽게 떠오르는 일을 결정하지 말고 깜짝 놀랄 만한 일을 결정해야 한다는 뜻이다. 예를 들면 어떤 작가를 좋아하더라도 작품을 구하기 어렵고, 주문을 통해서나 현대의 고서점에서 찾아볼 수 있는 별로 알려지지 않은 사람이어야 한다. 누구나 좋아하는 그런 취향을 갖는다는 것은 많은 사람들이 피하려고 하는 평균적인 대중의 일원이 되는 지름길이다.

결정적인 순간에 잡지 못하는 이유

"안녕, 니코와 카로. 초대해줘서 고마워. 31일 저녁에 뭐 할 건지 나와 예르크에게 물어보는 사람이 여럿 있었어. 그래서 우리는 아직 확답해줄 수 없어. 다시 연락할게."

연말 파티 즈음에 일어나는 일을 생각해보자. 간혹 10월부터 친구들의 초대장을 받기도 한다. 자신의 결혼식이 아니고서야 10월부터 12월 31일 저녁 일정을 미리 계획해 놓은 사람은 아무도 없을 것이다. 별다른 계획이 없다면 그러한 초대를 받아들이지 않을 이유는 없다. 그럼에도 많은 사람이 앞에서 예를 든 것처럼 대답한다.

대부분 초대를 받으면 이런 태도를 취한다. 마지막까지 우리는 31일 저녁에 어떤 끝내주는 선택을 할 것인지 결정을 남겨두는 것이다. 여전히 완벽한 선택을 할 가능성이 있다고 생각한다. 그런데 결국 그런 가능성이 없다는 것을 알게 된다면 12월 31일 밤 9시에 가서야 확답을 할 수 있게 된다.

완벽 강박증 때문에 종종 오랫동안 아무런 결정을 내리지 못하는 일이 벌어진다. 대신 온갖 대안을 생각해두고 있다가 결국 죽도 밥도 안 되게 된다. 아직 아무것도 결정되지 않았다면 잘못될 염려 역시 없다고 할 수 있다. 그것은 다소나마 사람의 마음을 안심시킨다. 무언가를 100퍼센트 결정할 수 없고, 온전히 확신할 수 없으며 무언가에 적극적으로 관여할 수 없다면 차라리 그냥 기다리는 쪽을 택한다.

완벽한 선택을 할 때까지 이처럼 미정으로 남겨두는 태도는 삶의 전 영역에 해당된다. 그것은 처음에 얼핏 보아 해가 안 되는 일로 시작한다. 예를 들어, 디지털 카메라로 사진을 촬영하고 바로 현장에서 확인할 수 있다. 그리고 마음에 들지 않으면 사진을 다시 지우고 상황이 완벽하게 포착될 때까지 다시 찍는다. 우리가 어떤 상황으로부터 완벽한 사진을 창조하지 못하면 이러한 상황은 훗날 존재하지도 않은 게 된다.

완벽하지 않은 삶을 포착한 스냅사진은 한동안 인기가 없었던 적이 있었다. 훗날 언젠가 우리 시대의 사진을 구경하는 자는

'다들 언제나 완벽하게 보이고 미소 지었다'라는 인상을 받을 것이다.

당신은 삶의 결정적인 순간을 결코 얻지 못한다. 그 순간을 느끼고 누리기보다는 그런 순간을 포착하는 데 너무나 얽매여 있기 때문이다.

"주말에 나는 동료들과 함께 호주의 관광명소인 에어스록Ayers Rock으로 워크숍을 갔다. 이곳에 오는 모든 관광객의 꿈은 그 바위를 해가 뜰 때 구경하는 것이다. 그때 보는 것이 가장 장관이기 때문. 그러므로 사람들은 그곳으로 가서 인근의 텐트 속에서 잠을 자고 새벽 4시나 5시 경에 에어즈 록으로 간다. 그래서 나도 그 시각에 그곳에 서서 기다렸다. 태양이 수평선에 모습을 드러내면서 위로 떠올랐다. 나는 재빨리 디지털 카메라를 꺼내어 연신 눌러대고는 즉각 카메라에 찍힌 사진들을 살펴보았다. 사진들은 완벽하지 않았지만 다행히도 나는 아직 현장에 있었다. 그런 일출이 오랫동안 지속되지 않기 때문에 좀 전에 찍은 사진들을 사속히 지우고, 마치 기관총을 쏘아대는 것처럼 20, 30컷을 재빨리 찍었다. 다시 사진을 살펴보니 이번에는 마음에 드는 사진이 그래도 한 장 있었다. 그사이 태양은 완전히 떠올라 하늘에 둥글게 떠 있었다. 나는 완벽한 사진을 한 장 가지게 되었다. 물론 그 사진은 수천 개의 우편엽서에서도 볼 수 있는 모습으로, 인터넷에 올리고 인쇄를 한 뒤 액자에 넣어둘 만한 작품이었다.

그런데 막상 태양이 에어스록 위로 떠오를 때 실제로 현장에 있는 것이 어떤 기분인지, 비록 내가 그런 경험을 했음에도 잘 기억나지 않는다." _알렉산더(30세, 경영학 전공 대학생)

오늘날 사람들은 집을 사는 것도, 결혼식도, 아이를 낳는 것도 몇 년 후로 연기한다. 왜냐하면 그전에는 일하는 데 얽매여 제대로 된 판단이나 결정을 하기 어렵기 때문이다. 더 좋은 무언가를 기다리느라 시간은 흘러간다. 나중에는 그것이 달라질 거라고 희망한다.

이때 문제는 '성과 강박'이 이것과 연관된다는 점이다. 잘해야 하기 때문에, 완벽해야 하기 때문에 결정을 미룬다. 그리하여 강박들은 서루 다투면서 당신의 삶을 도저히 견딜 수 없게 만든다.

6장.
당신의 삶에도
이런 일이 생긴다면

일과 삶 사이에 균형 맞추기

일요일 저녁, 8시 15분. 왠지 범행 현장에서나 느낄 수 있는 답답한 기분이 시커먼 구름처럼 마음 한구석으로 밀려온다. 주말 내내 자유롭게 시간을 보내고 경쾌한 기분이었는데, 주말 막바지가 되자 우울증이 재발한다. 오랫동안 늦잠을 자는 것, 느긋하게 아침 식사하는 것, 가족과 함께 시간을 보내는 것도 끝나게 된다. 자꾸만 텔레비전 위의 시계를 불안한 심정으로 쳐다본다. 시계 바늘이 너무 빨리 돌아간다. 월요일이라는 공포의 대상이 시시각각 가까이 다가오는 것 같아 우울하다.

"아직은 더 쉬어도 된다고!"

절망해서 한숨짓는다. 피곤한데다가 아무런 의욕마저 없어서, 갑자기 페페로니 피자를 먹고 싶은 생각이 싹 달아난다. 다음 날 아침 당신은 지하철 안에서 지난밤 주말의 끝을 잡고 뒤척이다 대체 몇 시에 잠들었는지 알 만한 칙칙한 얼굴들, 표정 없는 얼굴들을 지켜본다. 그런데 어렸을 적 당신은 당신의 삶이 이와는 좀 다를 거라고 상상하지 않았던가?

월요일 스마트폰으로 핫이슈를 찾아본다. '당신의 일과 삶의 균형이 맞지 않다고 느낄 때' '좋은 인생이란 무엇인가?' '꿈을 잊지 않는 것이 중요하다' '자신을 위한 시간을 가져라' … 활자가 눈앞에서 어지럽게 빙빙 돈다. 관련 뉴스를 살펴보며 멈출 줄 모르는 쳇바퀴 같은 삶에서 하차를 단행한 다섯 사람에 대한 글을 읽기 시작한다.

기사에 집중하지 못한 채 살펴보며 자신도 인생에 있어서 하차해야 한다고 생각한다. 스트레스가 많은 일에서 진정한 삶으로 말이다. 단지 잘 순응하며 살아가기만 하는 장소에서 스스로 정하고 시간과 공간을 즐길 수 있는 공간으로, 즉 진정한 삶을 위해 일에서 하차해야 한다. 일과 삶, 그것은 사실 상극이고 북극과 남극처럼 서로 아주 멀리 떨어져 있다. 설문 조사를 해보면 직장인은 언제나 더 많은 자신만의 시간을 원한다. 일과 삶, 두 가지 사이의 균형을 맞추어야 한다고 다들 말한다. 당신은 수년 전부터 그렇게 하려고 노력하고 있다. 하지만 균형은 삶이라는 범행 현장의 보이지 않는 흔적 같다.

간단하지 않은 균형의 기술

말도 안 되는 소리 같지만, 일이 삶에 가치를 부여한다고 믿게 될수록 일이 당신의 삶을 가로막는다는 걸 알게 된다. 삶이란 일과 하등 관계없는 것이고, 사무실과 영업시간 바깥에서 벌어지는 것이라고 말이다. 일이 스트레스를 주고 여가 시간도 스트레스를 주기 때문에 몇 년 전부터 '한쪽은 다른 쪽을 위한 보상이 되어야 한다'고 사람들은 말한다. 완벽한 직업 혹은 완벽한 여가 생활을 갖는 것만으로는 충분하지 않다. 우리는 과연 너무나 다른 두 상극의 균형을 제대로 맞출 수 있을까? 그래서 삶이 조화를 이룰 수 있게 될까?

그러는 사이 기업은 노동 시장에서 일과 삶의 균형과 친근성을 선전한다. 그에 대한 입문서들이 산더미처럼 있다. 일과 삶의 균형과 관련된 책이 거의 2,000여 개나 된다! 이는 일과 삶 사이의 조정을 위한 거의 2,000개의 상이한 방법이 있다는 뜻이다. 수도원에서 생활하기, 시간제로 근무하기, 휴대폰 끄기, 안식년, 육아휴직, 평생 근로시간 제도 등 일과 삶을 서로 타협시키려는 이런 수많은 가능성이 당신의 귓전에 맴돈다. 균형의 기술은 분명 그리 간단하지 않다. 계속 메모하고 계산하며 비교해야 한다.

저녁에 사무실에서 한 시간 더 일하는 대신 친구들과 직접 스시를 만드는 체험을 하기로 한다면 스스로에 대해 분명히 알고 있는 것이다. 자신이 어떤 일을 포기하고 그곳에 왔는지, 그래서 자신의 선택이 맞았다는 것을 증명해야 한다는 것을. 즉 초과근무를 더 할수록 이를 보상하기 위해 더 많은 스시를 만드는 게 필요하다. 초과근무를 할 때뿐만 아니라 스시를 만들 때도 시간이 금방 달아나버리고, 사적으로만이 아니라 직업적으로도 압력은 더욱 커질 뿐이다.

전문가들의 조언에 따르면, 삶의 모든 단계는 나름대로 균형을 가지고 있다고 한다. 전문가들은 당신의 삶을 직업, 가족, 친구, 건강, 내면과 같은 상이한 영역으로 나눈다. 그리고 다음과 비슷한 균형의 제안을 내놓는다. 즉 35세 때까지 직업은 50퍼센트를 차지해야 하고, 친구는 20퍼센트, 다른 영역들이 각기 10퍼센트가 되어야 한다. 36세 때부터는 가족이 40퍼센트, 직업이 30퍼센트로 줄어들며, 나머지는 그대로 10퍼센트를 유지한다. 이러한 비율은 65세가 될 때까지 변한다. 그때가 되면 건강에 60퍼센트를 넘겨줘야 하고, 나머지는 그에 따라 비중이 줄어든다.

이처럼 균형을 유지하기 위해 줄자, 스톱워치, 휴대용 계산기를 지니고 생활해야 한다. 균형을 잃고서는 행복한 사람일 수 없다고 배웠기 때문이다. 물론 일과 삶의 균형이 이루어질 수 없다고 비관적으로 말하는 사람들도 있다. 그들은 그 대신 일과 삶을 분리해야 한다고 주장한다. 일과 여가 시간을 공간적, 시간적, 사회적, 정신적으로 분리하자는 것. 이를 위해서는 또 다른 엄격한 규칙이 필요한데, 그것은 물론 당신에게 그럴 만한 시간적 여유가 있다는 전제하에 가능하다.

균형은 잘 팔린다

오래전부터 균형 강박이 모든 생활 영역에 스며들었다. 균형이란 말은 근사하게 들리기도 한다. 자신의 삶을 균형 있게 보내고 싶지 않은 사람이 누가 있을까? 최고의 지위에 있는 사람들은 끊임없이 균형이란 개념을 고상하게 만든다. 정부나 기관에서 발간하는 문서는 이런 개념들로 가득 차 있다. 독일의 연방정부 보건부는 「균형 잡힌 삶과 여성의 정신건강」이라는 제목으로 소책자를 발간했다. 빈곤 보고서라고도 불리는 독일 연방정부의 보고서는 전적으로 균형 부족을 안타까워하고 있다. 「프랑크푸르트 알게마이네 차이퉁」은 심지어 그 전체 보고서에 대해 '독일은 이제 균형을 잃었다'라는 제목으로 전체 내용을 요약해서 보여주었다.

심지어 균형에 대한 강박은 사회에 부자와 성공한 사람이 충분히 있으면 가난한 자와 실패자가 있어도 그리 나쁠 게 없다고 느끼게 한다. 마치 모든 문제의 만병통치약처럼 말이다.

그러는 사이 균형 강박은 논란의 여지 없이 당연하게도 모든 것을 균형을 밑바탕으로 판단해도 괜찮다고 생각하게 만든다.

균형은 오늘날 섹스보다 더 잘 팔린다. 눈을 크게 뜨고 잡화점이나 슈퍼마켓을 어슬렁거리며 돌아다녀 보라. 차茶, 알약, 입욕제, 얼굴에 바르는 크림, 뮤즐리 바, 섬유 유연제, 바디로션, 동물 사료, 목욕용 해면, 요리책, 이 모든 것의 상세한 설명서에 균형이라는 말이 있다. 그런 것 말고도 많이 있다. 직장과 여가 시간에서조차 균형을 만들어내는 사회가 우리에게 끊임없이 용기를 외쳐댄다. 어쨌든 다음의 비율도 맞아야만 우리는 행복해질 수 있다.

- 두뇌 활동과 신체 활동
- 컴퓨터 모니터 앞에서 하는 일과 그렇지 않은 일
- 자신을 위한 시간과 다른 사람들을 위한 시간
- 노력한 일과 그에 상응하는 보상
- 사장, 동료, 친구, 가족과의 시간
- 근무 시간과 취미 활동 시간

- 부동산, 주식, 정기예금
- 단백질, 지방, 탄수화물
- 패스트푸드와 슬로푸드 섭취
- 교양 프로그램과 쇼 프로그램 시청
- 수면 시간과 활동 시간
- 상체의 근육량과 하체의 근육량
- 섹스를 하는 것과 하지 않는 것
- 정신이 말짱한 상태와 술에 취한 상태

이 모든 것 사이의 균형을 재고 계산하고 비교한다. 사무실에서의 성공 강박과 여가 시간에서의 완벽 강박 말고도 두 가지 사이의 관계와 모든 영역의 상이한 부분들 사이의 관계에 대한 최적 강박이 끼어든다. 보다시피 삶의 모든 영역에서 상이한 요소들의 관계에 대해서도 마찬가지로 적용된다.

직업뿐만 아니라 여가 시간도 100퍼센트 이상을 달성해야 하고, 그것 말고도 모든 것에 균형을 맞추는 것도 100퍼센트 이상 달성해야 한다. 합해서 매일 300퍼센트 이상의 성과를 내야 한다. 균형은 일과 삶 말고도 제3의 문제가 되었다.

7장.
자신을 잃으면
의미 없는 삶이 된다

내 모습 그대로 사는 것

그렇다, 하마터면 우리는 무언가를 잊어버릴 뻔했다. 나 자신이 되는 것을 생각해야 한다. 내 모습 그대로 사는 것. 한번 생각해보자.

다른 어떤 바쁜 일로 머릿속이 복잡할지라도 가장 중요한 것은 언제 어디서나 나 자신의 모습을 유지해야 한다는 것이다. 그렇지 않으면 그토록 착실히 노력해 쌓은 것들을 사회가 금방 다시 깎아내릴 것이다.

이 책에서 당신이 진정 소망하는, 당신이 진정으로 원하는 삶에 이르는 길을 가도록 도와주려 한다. 그러기 위해서는 먼저 자아실현 강박에서 벗어나야 한다.

자아실현이란 의심의 여지 없이 바람직한 것이다. 이때의 문제는 그것이 마치 민주주의의 선거와 같다는 점이다. 민주주의에서 사람들은 자신에게 가장 좋은 것을 직접 결정하지 못한다. 투표를 통해 뽑은 국회의원이 그것을 결정한다. 무엇이 좋은지를 국회의원이 대중 자신보다 더 잘 알기 때문이다.

자아실현의 문제도 이와 마찬가지다. 당신이 무엇을 원하고, 어떤 것을 필요로 하는지, 언제 그것을 실현해야 하는지 과연 누가 더 잘 알까? 다른 사람들이 결정하게 두어도 되는 걸까?

"나는 예술사와 경영학을 전공했고, 일찍 출세했다. 나는 12명의 직원이 있는 갤러리에서 4년 만에 제2인자의 지위에 올랐다. 종종 밤 9시나 10시까지 야근했고, 그런 다음 집에 가서도 무슨 생각이 떠오르면 동료들에게 이메일을 보내 다음날 아침 그것을 잊지 않도록 주지시켰다. 이런 상황이니 개인 시간을 갖는 건 불가능하다. 하지만 나는 일이 재미있고 스트레스를 받지 않는다. 특별히 삶에 무엇이 부족하다는 느낌도 없다. 그런데 언젠가부터 동료들이 내 흉을 본다는 소리를 여러 번 들었다. 내가 불쌍하기 짝이 없는 인간이고, 일에 미쳐 완전히 외톨이라는 것. 사람들은 왜 내가 삶을 의미 있게 만들지 못하는지 의아해한다." _멜라니(36세, 대형 갤러리 실장)

"나는 훈련받은 심리 치료사지만, 몇 년 전에 두 아들을 돌보기 위해 내 직업을 포기하기로 마음먹었다. 큰애는 지금 7세고, 작은애는 3세다. 이혼한 나는 전남편한테서 생활비를 받는다. 그것 말고도 나는 일주일에 하루 건강 식품점에서 일한다. 그것만으로도 우리 셋이 살기에는 충분하다. 나는 이러한 삶에 무척 만족한다. 나에게 가장 소중한 것은 가족이기 때문이다. 그런데 사람들은 '부지런하고 꽤 똑똑한 것 같은데, 왜 저렇게 빈둥거리면서 산대? 애들을 생각하면 어서 제대로 된 직장을 잡아야지.'라고 말한다." _코르넬리아(36세, 두 아들의 어머니)

진로를 고민할 때 사회는 성, 나이, 교육, 출신, 가족, 외모와 같은 형식적인 기준으로 제시한다. 많은 사람이 이러한 기준에 따라 결정하고, 새로운 정체성을 얻는다. 물론 그것은 개인의 정체성이 아니라, 집단의 정체성이다! 어떤 직업군, 어떤 조직, 집단에 속하게 되는가의 문제다. 사회는 이 집단 안에서 또 어떻게 최고의 위치에 올라가는지 지속적으로 암시하고 알려준다.

예컨대 당신이 30대 초반의 싱글맘이고, 변호사 시험에 좋은 성적으로 합격했다면, 사회는 당신에게 이렇게 제시할 것이다. 대형 변호사 사무실에서 좋은 직책을 맡고, 제법 영리하고 단정한 느낌의 세무사나 잘되는 와인점을 운영하는 부모를 둔 의사

같은 남자를 이성친구나 남편으로 추천할 것이다. 당신이 행여 자녀를 원하지 않는다거나, 당신이 남자에게 관심이 없고 노인 간병인 교육을 받을 생각을 갖고 있다는 것은 그다지 중요하지 않으며, 당신에게 절실한 문제도 아니다.

당신이 어떤 것을 궁금해하는지, 어떤 문제에 관심이 있는지, 그리고 어떤 견해를 갖고 있는지가 단지 당신이 속해 있는 집단의 정체성에 의해 결정된다는 것이 이상하지 않은가?

이렇게 생각해보자. 당신이 예컨대 자연을 사랑하는 젊은 예술가이고, 그럼에도 원자력의 미래를 지지한다면 당신의 주변 사람들은 당신을 비웃을 것이다. 당신의 생각과 삶이 일치하지 않기 때문이다. 사회가 집단 정체성에 따라 사람을 평가하는 경향이 너무나 강하기 때문에 사람들은 종종 실제로도 자신이 속한 집단의 전형적인 구성원이 어떤 태도를 취할 것인가에 맞춰 결정을 내리기도 한다.

이에 대한 흥미로운 실험이 있다. 대학생 마르틴이 가톨릭 교구의 구성원이라고 가정해보자. 누군가 마르틴에게 다른 구성원인 엘비라가 병으로 누워 있으니, 몇 가지 필요한 물건을 사다줄 수 있는지 물어본다면 그는 아마 십중팔구 "네"라고 대답할 것이다. 그러나 만약 엘비라가 건강하지는 않지만 부유하기 때문에 시간당 20유로로도 줄 수 있다고 마르틴에게 말한다면 그는 화를 내며 거부할 가능성이 매우 높다.

무엇 때문인가? 남을 돕는다는 것은 훌륭한 일이다. 마르틴이 장을 봐준 대가로 시간당 20유로를 받는다고 해서 그 일이 엘비라에게 조금도 가치 없는 것은 아닐 것이다. 게다가 일을 하고 돈을 받는다는 것은 그 자체로 비난받을 일이 아니다. 우리는 계속 그렇게 살고 있다! 대학생인 마르틴은 돈도 필요할지 모른다. 돈을 받고 도와준다는 해결책이 마르틴과 엘비라 두 사람에게는 가장 유리할지도 모른다. 그럼에도 마르틴은 모두에게 최적처럼 보이는 그러한 해결책을 제시받으면 언짢아한다.

왜냐하면 마르틴은 그러한 상황에서 '내게 무엇이 최상인가?'나 '엘비라에게 무엇이 최상인가?'를 깊이 생각하기보다는 내가 속한 집단, 즉 교구의 이상적인 구성원은 이런 상황에서 어떻게 행동할지를 스스로에게 물을 것이기 때문이다. 마르틴은 카톨릭 교구의 존경할 만한 구성원이라면 무보수로 도움을 제공한다는 인식에서 출발할 것이다.

삶을 사는 문제도 마찬가지다. 유의해서 살펴보면 당신은 살아가면서 그룹 정체성에 맞추어 매우 중요한 결정을 내린다는 것을 종종 깨닫게 될 것이다. 중요한 것은 당신이 속한 집단의 삶이 아니라 오로지 당신의 삶을 실현해야 한다는 사실이다.

이제야 비로소 있는 그대로의 나를 좋아할 수 있다

앞에서 펼쳐 보인 서커스 같은 현실이 마음에 들었는가? 말도 안 된다고 때때로 이맛살을 찌푸렸는가, 혹은 때때로 당신의 삶을 이야기하고 있는 것 같아 자신의 삶을 되돌아봤는가? 당신의 모든 시간과 에너지를 빼앗아가고 자꾸 무언가를 기대하고 바라는 실체의 윤곽을 깨달았는가?

당신은 이 어리석은 삶에 더 이상 동참하고 싶지 않은가?

궁극적으로 나의 삶, 내 모습 그대로 사는 삶을 살고 싶다면, 2부에서 제시하는 것들을 따라 해보길 바란다.

"우리에게는 두 가지 길이 있다.
인생에 대한 극복과 인생에 대한 굴복이다."

_ 아르투어 쇼펜하우어

제2부

나는 나답게 살기로 했다

8장.
이제부터
자유롭게 살 수 있다

충고란 내려치는 것이기도 하다[5]

이제까지의 이야기는 누군가를 단순히 비난하고 매도하려는 게 아니다. 다른 사람들에게 좋은 게 무엇인지 누가 감히 안다고 할 수 있을까? 그것은 자기계발서나 매뉴얼의 전형적인 함정이다. 독일어에서 "충고란 내려치는 것이기도 하다"라는 말이 있는데, 이유 없이 그냥 나온 말이 아니다. 대체로 충고는 그 때문에 강하게 동기 부여를 해주긴 하지만 그저 더없이 고상한 의도를 지닐 뿐이다. 의도와 달리 악영향을 끼치는 것을 종종 볼 수 있다. 자극을 주고 지적을 하는 행위를 통해 강하게 동기 부여를 얻는다고 하지만, 때론 미묘한 차이 하나로 상처가 되기도 한다.

---

5 '충고 Ratschlag'는 독일어에서 'Schlag'는 '때리기, 내려치기'라는 뜻이다.

호의를 품고 한 일이 도리어 커다란 손해를 끼칠 수 있다.

진부하지만 동시에 중요성을 과소평가할 수 없는 이러한 깨달음이 일상에서 간과되는 경우가 매우 많다. 이렇듯 충고하는 것이 상대에게 아무런 도움이 되지 않는다. 그는 당신과 다른 사람이고, 서로 성향이 다르기 때문이다. 심리학에서 말하는 투사 혹은 투영해 보면, 즉 사람들은 자신의 생각, 생활방식, 해결책을 다른 사람들에게 활발하게 투사한다. 타인을 이해하는 것이 아닌 단지 자신을 올바로 이해하기 위해서 말이다.

사람들은 이러한 태도를 비난하지 않는다. 무언가 좋은 일을 하려는 마음만 앞서 결국 도움이 되지 않더라도 말이다. 우리는 한 단계 한 단계 밟아가며 당신 스스로 생각할 수 있게 하려고 한다.

그러니 당신은 우리가 하는 이야기를 자극이자 제안으로 보고 언제나 비판적으로 검토하기를 바란다. 그런 다음 당신에게 맞는 사항을 자유롭게 결정하도록 하자.

우리가 심리학 전문가이듯, 당신은 당신의 삶을 위한 전문가다. 앞으로 우리는 당신을 따라다니며 자아를 탐구하고 인식하는 과정을 함께할 것이다. 당신은 이제부터 자신만의 주관적인 삶을 위한 '행복 건설 담당자'이다. 자, 시작해보자!

지금까지 성과, 스트레스, 의미부여, 완벽, 균형, 자아실현 등
등 모든 분야에서의 강박에 대해 상세히 살펴보았다. 특히 행복
을 방해하는 이 강박이라는 것이 은밀하지만 전면적으로 직업
카테고리에서 개개인의 삶의 영역인 여가 카테고리로, 그것도
아주 빠른 속도로 침투하고 있다는 것도 증명했다.

앞장에서 분석한 결과에서 드러났듯이 당신은 두 영역에서 각
기 100퍼센트 이상을 이루어내도록 강요받고 있다. 결론적으로
다음과 같이 표현할 수 있다.

$$
\begin{array}{r}
100\text{퍼센트 (일)} \\
+ \quad 100\text{퍼센트 (삶)} \\
\hline
= \quad 200\text{퍼센트}
\end{array}
$$

다행히도 다시 조정해주는 균형이 있다! 그런데 현실은 어떠
한가? 우리는 현실을 직시하지 않을 수 없다. 그 결과 설상가상
으로 다음과 같다.

$$
\begin{array}{r}
100\text{퍼센트 (일)} \\
+ \quad 100\text{퍼센트 (삶)} \\
+ \quad 100\text{퍼센트 (균형)} \\
\hline
= \quad 300\text{퍼센트}
\end{array}
$$

이런 큰 압박을 받고 있다! 그리하여 사람들은 서로를 억누르고, 날카롭고 격한 내적 갈등과 외적 갈등이라는 명백한 갈등이 생겨난다!

하지만 삶의 모든 것에는 단점만 있는 것이 아니라 반대의 좋은 점도 있으므로 우리는 편안한 면, 딜레마의 유익함과 장점도 당신과 공유하려고 한다.

딜레마의 좋은 점

사람들이 잘못인 줄 알고도 강박과 갈등을 고집한다면 어떻게 될까? 인간의 오감과 감정이 예외적으로 한번 일치해서 '강박이 나에게 이롭지 않은가'라고 생각한다면 말이다.

사람들이 강박과 갈등을 고집하는 이유는 안전을 경험하기 때문이다. 앞에서 이미 확인했듯이, 현재 순간의 생활 상황은 다년간의 강제적인 발전의 결과다. 온갖 강박이 사람들의 삶을 지나치게 변형시켰고, 뇌리에 깊은 인상을 새겼으며, 이제 내적인 갈등과 외적인 갈등을 불러일으켰다. 300퍼센트 이상이라는 표제어로 말이다.

결국 사람들은 그사이 외부에서 더 많은 것들을 요구받는다. 이렇게 모든 일을 동시에 변화시킨다면 삶이 힘겹게 된다. 그러는 사이 사람들의 피와 살이 강박과 바뀌어간다. 그처럼 한편으로 성가시고 고통스러운 것이, 다른 한편으로 우리에게 통제 망상을 선사하는 삶의 멋진 뼈대를 형성한다. 이러한 통제 망상은 이미 언급한 스스로 행복하게 만드는 자기 효능감의 경험과 매우 유사하다. 이러한 연관성에서 우리는 몇 가지 실존주의적으로 상세하게 설명하려고 한다.

우리는 사람들의 깊은 내면에서 느끼는 이런 사실을 알고 있다. 사람들이 각자 자신에게 아주 솔직하다면 결국 인간도 나뭇잎처럼 바람에 이리저리 나부끼는 아주 조그만 촛불에 지나지 않음을 인정하게 될 것이다.

물론 당신은 내일이나 모레에 무슨 일이 일어날지, 5년이나 50년 후에 당신의 삶이 어떤 모습일지 알고 있다고 생각한다. 그러나 그렇게 모든 것을 손아귀에 쥐고 있는 것처럼 행동한다면 스스로를 속이는 것이다. 왜냐하면 내일 로또에 당첨될지 또는 어떤 병에 걸릴지, 아무리 무언가를 바랄지라도 인생을 전부 자신의 마음대로 통제할 수 없다. 당신은 로또를 사거나 또는 헬쓰장에 가서 운동을 해서 몸을 건강하게 만들 수 있다. 그로써 특정한 생활 상태에 들어갈 확률을 높이거나 줄일 수 있다.

하지만 결국 당신의 삶을 지배하고 관리하며 조정하는 일은 당신보다 더 높은 힘을 가진 운명이나 운에 맡겨져 있다.

우리는 당신에게, 당신의 내부에 나타날 수 있는 특정한 경향에 대한 이러한 상세한 설명을 통해 당신의 감수성을 높이려고 한다. 왜냐하면 사람에게는 잠재의식이라는 마음속의 강력한 맞수가 있기 때문이다.

강박이나 갈등이라는 주제에 의식적이고 능동적으로 관계하면 잠재의식이 가끔 일그러지게 된다. 간신히 얻은 구조를 잃어버릴까 봐 불안해서 말이다. 삶의 모든 것이 계산 불가능하고 거의 통제 불가능하긴 하지만 그래도 커다란 상수, 즉 강박과 내적 갈등 및 외적 갈등이라는 모든 것을 유지하는 삶의 뼈대가 있기 때문이다.

자세히 말해 당신이 아무것도 알지 못한다면, 당신은 이러한 강박과 갈등의 덕택으로 언제나 무엇이 옳고 그른지, 무엇을 하고 하지 말아야 하는지, 누가 언제 무엇을 잘못 했는지, 당신에게 어떤 문제가 있는지, 당신이 결코 하려고 하지 않는 일이 무엇인지, 무엇이 언제까지나 그대로 있을지 등등을 매우 정확히 알게 된다.

당신은 지금까지 모든 것이 과거의 모습 그대로 있는 삶에 고마워할 수 있다. 그렇다고 사실 항상 기분이 좋은 것은 아니다. 하지만 어쨌든 이를 통해 어떤 확신과 아울러 통제와 (소위) 자기 효능감을 갖게 되었다.

잠재의식을 속이는 방법

우리가 창조적이고 건설적으로 삶의 해결책을 마련하려고 한다는 것을 당신의 잠재의식이 알자마자 방어적으로 나오며 저항을 시작할 것이다.

예컨대 당신이 이 책을 읽는 동안 가끔 '나한테 이런 방법이 통하기는 할까?' '내 경우는 모든 것이 묘사된 것과 완전히 다르지 않은가?' '이제 나의 경우는 그렇게 나쁘지 않아' 혹은 '아, 너무 지루해, 그냥 시간만 낭비할 뿐이야, 나의 삶에 시간을 투자하는 게 더 낫겠어'와 같은 생각을 하고 있다는 것을 불현듯 깨닫지 않았는가? 그렇다면 당신은 아마 그것으로 방어와 저항을 위한 지표를 확인했을지도 모른다.

그러한 경향은 전적으로 정상이라 할 수 있다. 그것은 안정을 제공하는 삶의 구조를 잃을까 봐 (잠재의식으로도) 불안해서 그런 것이다. 당신이 마음속에서 그러한 경향이 나타나는 것을 느낀다면 늘 이 8장을 돌이켜 생각하고, 항시 당신 자신의 저항을 넘어 조금 더 가길 바란다.

저항이 있는 곳에 길이 있기 때문이다!

저항이란 한편으로 우리에게 은연중에 안정을 암시하고, 이와 동시에 망상을 품게 하는 호의적인 보호 메커니즘이다. 계속 버틸 경우 안락한 상태에 있다고 착각해서 곤경에 빠져 있을 위험을 무릅쓰기 때문에 결국 심각한 손해를 입게 될 수 있다.

상황이 더 나빠지지 않기 위해서는 적수에 맞서 싸우는 것이 필요하다.

이보다 더 나쁠 순 없다

우리가 입으로는 무슨 말인들 하지 못할까? 즉 강박이나 갈등과 대결하고, 당신의 잠재의식을 혹평하고, 그런 다음 방어에 관해 뭐라고 속삭이고, 그런 김에 항상 당신 자신의 저항을 넘어 조금 더 가라고 거창한 심리학적인 충고를 준비하는 것이다.

하지만 진지하게 말하면 무슨 일이든 말하기는 쉬워도 행동하기는 훨씬 더 어려운 법이다. 그 때문에 우리는 당신을 심도 있게 안내하려고 한다. 가정 먼저 변화 과정을 조율하기 위해 당신에게 다음의 훈련 문제를 진심으로 추천한다.

최악의 경우를 가정한 시나리오

글을 쓸 준비를 하자. 긴장을 풀고 편히 앉은 다음 눈을 감고 당신의 실제 삶과 현재 상황을 곰곰 생각해보자.

당신은 누구인가? 당신은 무엇을 하는가? 당신은 어디에 서 있는가? 누가 또는 무엇이 실제적으로 역할을 수행하는가? 마음속으로 부담스럽고 문제가 많은 모든 생활 영역, 즉 사적인 영역과 직업적인 영역을 생각해보자. 지금 이 순간 당신에게 적절한 것을 모두 스캔하라.

그리고 당신 자신에게 다음 사실을 물어보자. 당신의 삶에서, 당신의 현 상황에서 아무것도 변하지 않으면 당신은 앞으로 어떻게 될까? 일어날 수 있는 최악의 상황은 무엇인가?

이 질문에 글로 대답해보고, 미래 모습에 대한 몇 가지 메모를 해보자. 당신이 개입하지 않고, 모든 어려운 일이 그냥 그대로 계속된다는 조건 하에 말이다.

당신이 이 모든 것을 글로 기록했다면 잠깐 당신의 메모지 앞에 가만히 앉아서 또 한 번 그것을 읽어보자. "이 정도까지를 내가 바라는지?" 자신에게 물어보라.

당신이 이러한 질문에 100퍼센트 긍정할 수 있다면 이 책을 당장 책꽂이에 도로 놓아둬도 된다. 당신이 이 질문에 약간이나마 부정할 수 있다면 즉시 다음 질문으로 넘어가라. "그렇다면 내가 나와 나의 상황에 열중하겠다는 것을 적어도 시험하려는 건가? 그것이 언제나 무조건 간단한 것은 아닐지라도?"

대가 비교를 생각해보자. 계속 달려 나가서 모든 것을 벽에 부딪치게 하는 것과 지속적인 성공을 기대하고 목표한 과정을 지겹게 되풀이하는 것 중에 어떤 것이 대가가 더 클까?

모든 것이 좋아지는 적극적 사고

위에서 언급한 최악의 시나리오로 당신은 당신의 잠재의식에 깃든 달갑지 않은 재앙의 예언을 의도적이고 의식적으로 물리치기 위한 좋은 수단을 얻었다. 이 책을 계속 읽는 동안 당신의 마음속에 거부감이 싹튼다면, 최악의 경우를 생각해보자. 애써 노력한 보람이 있다고 당신의 잠재의식에 약속하자.

하지만 당신의 잠재의식이 실제로는 당신의 잠재의식이 아닐지도 모른다. 그래서 이제 제2의 조치가 뒤따른다. 같은 빈도에 대한 설명, 잠재의식적인 프로그래밍, 소위 확언에는 특히 넘어가기 쉽다.

확언

우리가 지금 비의秘義의 영역으로 벗어난 것은 아니니 걱정하지 않아도 된다. 확언이란 힘을 주어 말하는 것의 특별한 형태다. 이러한 방법은 벌써 수천 년 전부터 모든 문화에서 기도, 만트라[6], 긍정적 사고, 내적인 태도와 같은 각기 상이한 명칭으로 적용되어 왔다.

이때 중요한 것은 당신이 목표한 상태를 마음속에 그리며 간결하게 적극적인 태도로 발언하는 것이다. 이와 동시에 우리는 확언을 직설법으로 표현하면서 이러한 바람직한 미래의 상태를 현재로 옮긴다. 다음의 확언은 단지 몇 가지 예일 뿐이다.

* "나는 나와 세계를 분명하게 이해하고 있다!"
* "나는 나의 삶을 마음껏 즐기고 있다!"
* "나는 행복하다!"

당신이 자신에게 적절한 발언을 발견하는 것이 중요하다. 당신은 몇 가지 가능성을 타진해서, 시험하고 자신에게 적용해볼

---

6 만트라Mantra: 진언眞言이라는 뜻으로 힌두교와 불교에서 신비하고 영적인 능력을 가진다고 생각되는 신성한 말이다.

수 있다. 어떤 시기가 지난 후에 결단을 내리고, 그런 다음 당신의 확언을 견지하길 바란다.

당신의 확언을 되도록 반복하도록 하고, 잠이 드는 몽롱한 상태가 가장 좋다. 이 시기에 당신의 잠재의식이 가장 잘 받아들인다.

당신의 마음을 안정시키기 위해 또 한마디 하겠다. 당신이 우주를 자비롭게 조율하고, 우주 속에서 희열에 찬 주문을 포기하는 것은 중요한 문제가 아니다. 당신은 변화 과정에서 당신의 잠재의식을 제대로 조율하기 어렵다. 창조적이고 혁신적인 해결책이 문제가 되면 당신은 잠재의식의 협조에 크게 의존한다. 그곳에는 말하자면 현재 당신의 의식적인 점유를 기피하는 많은 아이디어와 행위의 선택이 자리하고 있다.

생각은 생각보다 부자연스럽다

천국에서 쫓겨나서부터 높은 평가를 받는 현재에 이르기까지의 일의 발전에 관하여 당신은 이미 공감했다. 생활 영역의 인위적인 분리가 어째서 그토록 해로운지에 대한 답변이 여지껏 제대로 해명되지 않았다. 이때 분리 자체보다는 오히려 당신 자신의 사고가 어려움을 야기한다. 자, 이제 그것에 대한 테스트를 해보기로 하자.

현재 테스트

긴장을 풀고 편히 앉거나 누워보자. 두 눈을 감고 당신의 신체에만 주의를 집중하자. 당신의 신체 부위를 하나하나 느껴보자. 지금 당신의 몸 상태가 어떤지만 느끼면 된다. 약 3분 후에 다시 천천히 되돌아와서, 당신의 신체를 깨우고 눈을 떠보자.

자, 이제 당신은 어떤 상태가 되었는가? 무엇을 느꼈고, 무슨 생각을 했는가?

사람들 대부분은 현재에 절대적으로 집중하기는 그리 쉽지 않다. 대체로 몇 초만 지나면 불안감이 엄습한다. 예컨대 '대체 언제 3분이 지나가지?' '조금 이따가 먹을 게 뭐가 있지?' '내일 필요한 자료를 어디에 두었지?' '다음 주말의 계획은 뭐였지?'와 같은 질문이 머릿속을 헤집고 다닌다.

이렇게 생각은 보잘것없는 순간을 위해 있어야 하는 곳, 말하자면 이 순간 자체에만 머물러 있는 것이 아니라 어디에나 가 있다. 당신은 잘못된 일이 당신에게 부담을 주는 과거 속에 살거나, 또는 잘못될 일이 당신에게 부담을 줄 미래 속에서 산다.

하지만 당신이 정말로 가지고 있는 것은 오로지 지금, 현재뿐인데도 당신은 결코 현재에서 살지 않는다. 과거는 이미 지나갔다. 미래는 아직 오지 않았다. 그러니 지금을 살길 바란다.

그것이 지금 생활 영역의 분리와 무슨 관계가 있다는 말인가?

그 답은 아주 간단하다. 당신은 일할 때 마음속으로는 이미 휴일이나 여가 활동을 계획하고 있다. 그것이 당신과 당신의 일을 분리시킨다. 몸은 일하지만 정신은 빈들거리며 돌아다닌다. 당신은 컨디션이 좋지 않다고 느낀다. 그러다가 마침내 여가 시간을 갖게 되면 마음속으로는 벌써 다시 일을 하고 있다. 그러면 일이 마치 다모클레스의 검[7]처럼 당신의 여가 시간 위에 떠돌고 있다.

일이 당신을 여가 시간과 분리시킨다. 갑자기 당신은 컨디션이 좋지 않다고 느낀다. 당신이 어디에 있든, 무슨 일을 하든 그곳에 온전히 있는 경우가 결코 없다. 당신의 생각이 당신을 온전히 놓아두는 경우가 결코 없다. 당신은 마음속에서 그때그때의 순간을 넘기며 살아간다. 이러한 괴리는 극히 건강하지 못하다. 당신이 현재 하고 있는 일과의 일체감 부족이 당신을 불행하게 한다. 왜냐하면 그때그때 삶의 순간에 당신은 당신이 생각하는 것을 결코 갖지 못하기 때문이다.

---

7 기원전 4세기 전반 시칠리아 시라쿠사의 참주 디오니시오스 1세의 측근이었던 다모클레스는 어느 날 호화로운 연회에 초대받아 한 올의 말총에 매달린 칼 아래에 앉게 되었다. 참주의 권좌가 '언제 떨어져 내릴지 모르는 칼 밑에 있는 것처럼 항상 위기와 불안 속에 유지되고 있다'라는 것에 대한 가르침을 받기 위해서였다. 이 일화는 로마의 명연설가 키케로에 의해 인용되어 유명해졌고, 위기일발의 상황을 강조할 때 '다모클레스의 검Sword of Damokles'이라는 말이 속담처럼 사용되기 시작했다.

잘못인 줄 알지만 고집하게 되는 것들

그러는 사이 강박이 직업 세계 말고도 당신의 사생활에도 둥지를 틀었기 때문에 피상적으로 '일'과 '삶' 영역의 재결합이 일어난다. 그것으로 앞에서 말한 사고의 문제가 해결될지도 모르므로 이는 그래도 환영할 만한 경향이다.

하지만 유감스럽게도 상호 면제와 결실의 의미에서 재결합이 아니기 때문에 그래도일 뿐이다. 오히려 각 영역은 그사이 자신을 위해 변화되어 있다. 다음 사실을 떠올려보자.

$$100퍼센트 \, (일)$$
$$+ \;\; 100퍼센트 \, (삶)$$
$$+ \;\; 100퍼센트 \, (균형)$$
$$\text{-----------------------}$$
$$= \;\; 300퍼센트$$

순식간에 일이 더 커졌다. 그렇게 서로를 제약하고 충돌하며 내·외적 갈등은 점점 심화된다. 하지만 언제나 나쁜 일이 있으면 좋은 일이 있듯, 이러한 딜레마의 유익함과 장점도 공유하려고 한다.

잘못인 줄 알면서도 강박과 갈등을 고집한다면 어떻게 될까? 당신의 오감과 예감이 예외적으로 일치해서 그것이 당신에게 이롭지 않다고 말할지라도, 당신은 강박과 갈등을 고집함으로써 안정을 경험하게 된다.

앞에서 확인했듯이 당신의 현재 상황은 다년간의 강제적인 발전의 결과다. 온갖 강박이 삶을 지나치게 변형시켰고, 당신의 뇌리에 깊은 인상을 새겨 넣었다. 이것이 내적 갈등과 외적 갈등을 불러일으켰다. '300퍼센트 이상을 달성하는 삶을 살라'는 말로. 당신은 외부의 요구를 무시하거나 오늘날 사람들이 행동하는 방식을 독자적으로 바꾸지 못한다. 수많은 역사 속에서 피와 땀으로 바꾼 일인데도 말이다.

9장.
갈등이 일으키는 파멸

갈등은 근사하다

"지금 이것이 옳은가 또는 그른가?"

"내가 이 일을 하면 저 일은 더 이상 할 수 없는가?"

"그 일을 이렇게 해야지 저렇게 해서는 안 된다!"

위의 예시는 사람들에게 영향을 미치는 강박의 배후에서 통용되는 생각이자 말이다. 이로 인하여 갈등과 고뇌에 빠지는 것이다. 그렇지만 우리는 이렇게 주장한다.

갈등은 인간에게 안전만을 가져다주지 않는다. 심지어 한 걸음 더 나아가 말하자면, 갈등은 사람들에게 일어날 수 있는 최상의 것이다! 이러한 사실을 곧 증명해 보이겠다.

모든 학문에서 그렇듯이 물론 갈등에 관한 수많은 정의가 있다. 실무 경험에서는 다음과 같은 실마리를 입증했다. 갈등은 하나의 체계에 상이한 목표가 존재하는 상태다. 이때 하나의 목표를 달성한다는 것은 동시에 다른 목표를 달성하지 못하게 하는 것이다.

$$A \rightarrow \leftarrow B$$

체계

그동안 당신을 불안하게 하는 것, 절망하게 하는 것, 마음을 아프게 하는 것을 이처럼 간단히 표현하니 한결 정리가 되는 것 같다. 좀 더 상세하게 살펴보자.

가족, 회사, 친구 혹은 연인, 아이의 유치원과 같은 모든 것이 하나의 체계가 될 수 있다. 다음의 예를 보자.

• 외적 갈등

위르겐은 저녁에 거실에서 시끄럽게 텔레비전을 보고 싶어 하고, 아리아네는 조용히 책을 읽고 싶어 한다. 거실이라는 하나의 공간이 있고, 동시에 실행에 옮겨질 수 없는 상이한 목표가 존재한다. 시끄럽게 텔레비전을 보는 일과 조용히 책을 읽는 일. 특정 상황에서나 특정 주제에 대해 분열감이 생기거나 마음속에 여러 명의 내가 있는 것처럼 여러 갈래의 생각이 든다면 자신을 위해 하나를 선택하고 조율해야 한다.

•내적 갈등

다이어트하기로 마음먹은 당신. 마음 한구석에는 초콜릿을 먹고 싶어 하는 내가 있고, 다른 쪽에는 살을 빼기로 한 것을 절대 잊지 말라고 경고하는 내가 있다. 당신 마음속의 상이한 영혼이 체계이고, 목표는 동시에 실행에 옮겨질 수 없는 초콜릿을 먹는 일과 살을 빼는 일이다.

자, 그럼 문제의 본질이 어디에 있는 것일까? 무엇이 이 모든 것을 그토록 나쁘게 만들었을까? 대체로 목표가 서로 밀고 끌어당기며, 갈등 상태가 지속되더라도 갈등 자체는 전혀 해롭지 않다. 단지 역동적인 긴장 상태만이 문제지, 그 이상도 그 이하도 아니다.

갈등을 겁내는 이유는 인간의 의식은 일상적으로 갈등을 다툼과 같게 보기 때문이다. 물론 다툼은 갈등이 심화한 형태이므로, 그것만으로도 언어적으로 매우 부정적인 의미를 지닌다. 유명한 갈등 연구가 프리드리히 글라슬은 갈등 심화의 아홉 단계를 구별한다. 그것은 단단하게 굳어지는 경화에서부터 나락으로의 공동 추락에까지 이른다. 당신은 처음부터 갈등 그 자체를 중립적이라고 여길 필요가 있다. 뿐만 아니라 갈등은 중립적인 성격을 넘어 심지어 아주 긍정적일 수도 있다. 긴장과 역동성은 움직임, 변화, 발전에 영향을 끼치기 때문이다. 그것들은 진화와 혁명의 원동력이다.

당신은 내적 갈등과 외적 갈등이 항상 협력한다는 것을 경험으로 알고 있다. 내적 갈등은 모호한 태도에 영향을 끼치고 다른 사람들과의 충돌, 즉 외부 충돌을 신경 쓴다. 외적 갈등은 다시 당신의 마음속을 갈가리 찢어놓는 것을 좋아한다. 이때 당신은 결정을 내리지 못하고, 여러 개의 의자에 동시에 앉아 있는 느낌이 든다.

내면과 외면이 결코 완전히 분리될 수 없지만 이 책에서는 주로 내적인 갈등에 대해 다룬다. 그간의 코칭 활동을 통해 얻은 결론은 이렇다. 인간은 스스로 자신과 화해함으로써 외적 갈등도 해결할 수 있다. 이 과정에서 대체로 외적 갈등이 심화되기는커녕 아예 발생하는 일도 줄어든다. 이제부터는 갈등을 어떻게 해결해야 하는지 파헤쳐보자.

폭풍우가 치기 전과 친 후의 차이

구체적으로 설명하기 위해 앞에서 언급했던 거실에서 벌어진 외적 갈등의 예를 분석해보자. 보통 그러한 상황에서는 자신의 입장, 목표를 위해 각기 좋은 논거를 모은다. "당신은 이리저리 돌아다니며 텔레비전을 시끄럽게 켜놓았잖아." "거실은 나도 똑같이 사용할 권리가 있어." 또는 "하지만 오늘 자동차 경주를 봐도 된다고 몇 주 전부터 당신이 말했잖아."

이것이 두 사람 간에 오갈 만한 격렬한 언쟁이다. 결국 한쪽이 이기고 다른 쪽이 지게 된다. 저녁은 엉망이 되고, 둘 사이에 냉랭한 분위기가 흐른다. 일반적으로 사람들은 이런 식으로 일상적인 갈등을 해결하곤 한다.

하지만 갈등이 어떻게 발전을 위한 자극이 될 수 있을까? 갈등의 네 가지 국면을 살펴보기로 하자.

1. 입장 - 목표 상상에서 유래한다.

2. 욕구 - 배후에 있는 것.

3. 동기 부여 - 역사적으로 각인되어 있다.

4. 가치 - 인격과 결부된 가치관과 밀접한 관계가 있다.

거실 갈등을 이러한 네 가지 영역으로 구분하면 깜짝 놀랄 만한 사실이 드러난다.

	위르겐	아리아네
입장	텔레비전을 볼 거야.	독서를 하고 싶어.
욕구	긴장 완화	휴식
동기 부여	오늘 하루 정말 힘들었다고!	벅찬 일주일을 앞두고 있어.
가치	집에서 나는 왕이다.	가족 모두 행복한 방향을 찾아야지.

자, 무슨 생각이 드는가? 우리가 입장이라는 구체적 영역을 떠나서 배경을 규명하자마자 많은 교집합이 생긴다. 많은 경우 더 깊이 자리한 영역들은 심지어 서로 일치하기도 한다.

빙산을 상상해보자. 갈등을 겪고 있다면 사람들은 대체로 입장의 영역, 빙산의 꼭대기에서 다툰다. 당신의 논거는 표면에서만 맴돌기 때문에 결코 해결책을 얻지 못한다.

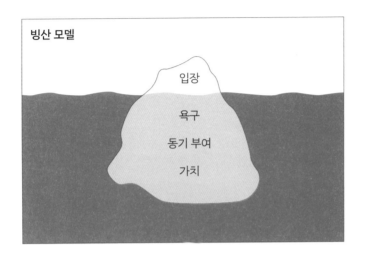

빙산 모델

입장

욕구

동기 부여

가치

그것 말고도 빙산 모델은 갈등을 중재하거나 조정하는 데도 적용된다. 갈등 당사자는 각기 다른 사람의 배후 관계를 알게 되어 처음에 생각했던 것 이상으로 많은 공통점이 있다는 사실을 깨닫게 된다. 이러한 중재와 조정의 원칙은 앞으로 함께 노력해야 할 문제의 토대를 형성한다. 왜냐하면 사람들은 내적 갈등과 외적 갈등을 최대로 이용하려고 하기 때문이다.

거실에서 벌어진 갈등으로 되돌아가보자. 아리아네와 위르겐은 자신들이 원칙적으로 하나의 목표만 추구하므로, 같은 배에 타고 있다는 것을 깨닫는다. 그리하여 그들은 각기 자신의 입장을 버리고 적극적으로 함께 해결책을 모색하려고 한다. 그들의 욕구, 동기 부여, 가치를 감안하여 저녁에 다음과 같이 하기로 합의한다. 위르겐은 헤드폰을 낀 채 텔레비전을 보고, 아리아네는 위르겐 옆의 긴 의자에 누워 책을 읽으며 그에게 긴장을 풀어주는 발 마사지를 받는다.

이러한 해결책으로 두 사람은 무척 만족해한다. 아닌 게 아니라 혼자 거실에 웅크려 있으려고 마음먹었을 때보다 훨씬 만족해한다. 처음에는 언짢았던 갈등이 아리아네와 위르겐의 욕구 지향적인 행동방식으로 인해 해소될 수 있었다. 역동적인 긴장 상태는 움직임, 변화, 발전이라는 의미에서 그런 긴장 상태가 없었을 때보다 두 사람을 더욱 성숙하게 해주었다.

이러한 상황은 결국 승자만 있기 때문에 '윈윈전략'이라고 불린다. 이를 명료하게 설명하기 위한 좋은 예가 있다. 이른바 오렌지 나누기다.

두 자매가 한 개의 오렌지를 놓고 서로 다투다가, 결국 각각 반 조각씩 먹기로 합의한다. 이렇게 한다면 딱 반 조각 만큼만 서로 좋은 것이다. 그렇지만 두 자매가 서로의 욕구 영역까지 생각했다면 다음처럼 했을 것이다. 한쪽은 케이크를 굽고 싶어 껍질을 필요로 하고, 다른 쪽은 과일즙을 짜내고 싶어 과육을 필요로 한다면, 두 사람 모두 원하는 것 100퍼센트를 얻었을지도 모른다! 대부분 이런 윈윈 전략이 가능하고, 이러한 원칙이 문제 해결의 실마리가 되기도 한다.

이어서 각자 자신의 최대치를 어떻게 내는지 함께 알아보기로 하자. 자신에게서, 삶에서, 수백 퍼센트의 성과를 내도록 짜내지 않고 어떻게 최대치를 낼 수 있는지 말이다. (1부에서 이미 이런 고통스러운 주제와 완전히 작별을 고하기로 한 것을 기억하는가?)

내적 갈등 역시 네 가지 갈등 영역의 도움을 받아 윈윈전략으로 해결할 수 있다. 앞에서 말했던 초콜릿과 다이어트를 두고 갈등했던 여성을 떠올려보자.

	내적 갈등	외적 갈등
입장	초콜릿을 먹고 싶어.	살 빼기로 했잖아.
욕구	만족감	만족감
동기 부여	지난주에 스트레스가 많았어.	지난주에 스트레스가 많았어.
가치	즐거운 신체에 건강한 정신	건강한 신체에 건강한 정신

그러면 당신은 예컨대 맛있는 코코아차를 마시는 것으로 당신의 내적 갈등을 해결할 수 있다. 이런 방식이라면 초콜릿을 먹고 싶었던 욕구도 충족되고 칼로리의 증가도 막을 수 있다. 이것이 바로 윈윈전략이다.

갈등이라는 주제의 도입으로 행복으로 가까이 가는 이 작업에 좀 더 익숙해지게 될 것이다. 이제부터는 당신 삶의 현실 속으로 좀 더 깊이 들어가려고 한다.

당신 스스로 삶을 어떻게 만들어갈 수 있는지, 자신의 욕구를 어떻게 충족시키고, 지속적으로 만족하고 더 나아가 행복한 삶을 살 수 있는지 시작해보자.

갈등을 인정해야 새로 시작할 수 있다

약 10년 내지는 15년 된 갈등을 떠올려보자. 지금 돌이켜 생각해보면 그때의 감정이 다시 생생하게 떠오르는 사적인 갈등이나 직무상의 갈등을 선택해보자. 물론 당신의 상처를 다시 건드리려는 의도가 아니다. 예컨대 언짢은 기분, 불안감, 고통과 같은 감정을 지금 다시 떠올려보길 바란다. 비록 부정적인 감정이라 해도, 자신의 감정을 진지하게 받아들이고, 내 삶의 역사의 일부로 평가하는 것이 중요하다. 왜냐하면 그때의 상황은 이미 옛날에 벌어진 것이고, 우리는 유감스럽게도 시간을 되돌릴 수 없기 때문이다.

지금 종이와 연필을 집어 들고, 곰곰 생각하지 말고 아주 즉흥적으로 당시의 갈등으로 인해 나중에 얻게 된 모든 장점과 긍정적인 점을 적어보자. 즉 특정한 체험, 접촉, 삶의 상태나 또한 어떤 인식의 목록을 만들어 보자.

언젠가 어느 의뢰인이 우리에게 자기 집주인과의 골치 아픈 갈등에 관하여 상담한 적이 있다. 하지만 최근에 그는 훨씬 위치가 좋고 멋지며, 심지어 더 유리한 조건의 집을 발견하게 되었다. 집주인과의 갈등이 훗날 그에게 득이 되었다. 왜냐하면 갈등이라는 구체적인 계기가 없었더라면 그는 다른 집을 알아보지 않았을 테니까.

고통이 한편으로 불쾌하고 힘든 것임을 인정하자. 그리고 그것이 다른 한편으로 당신을 앞으로 나아가게 해주었고, 돌이켜 생각해보면 기회가 되었음을 인정하자.

갈등은 모든 사람에게 일용할 양식이다. 갈등은 영양가가 높으며, 우리가 살아가고 살아남는 데 필요한 것을 공급해준다.

갈등은 당신에게도 올바른 방향으로 가도록 당신을 힘껏 밀어줄 수 있다. 당신이 새로운 시각을 받아들이고, 거기에서 비롯한 기회를 잡을 용의가 있다면 말이다.

스스로가 걸림돌이 되는 이유

더 깊은 문제로 들어가기 전에 먼저 몇 가지를 더 생각해보고 자 한다. 이것은 앞으로의 문제를 좀 더 차분하게 받아들이는 데 유용한 것들이다.

새벽부터 밤늦게까지, 그러니까 심지어 꿈속에서조차 사람들은 기분이 좋든 나쁘든, 옳든 그르든 관계없이 삶을 정리하고 분류하는 데 매달린다. 이때 각자가 느끼는 고통은 동시대 사람들이나 사건과 결코 결부되어 있지 않다. 고통이 생기는 이유는 오로지 평가하고 판단하는 자신의 생각 때문이다. 그간 수많은 사람들을 만나고 코칭을 해왔는데 그중에 50대 중반의 한 여성 의뢰인이 있었다.

그녀는 사회에서 지도적 위치에 있는 매력적인 여성이었다.

그녀가 우리를 찾아온 이유는 마음껏 펼치고 싶은 소망과 동경이 마음속에 있다는 것을 깨달았기 때문이다. 그녀는 스스로를 돌아볼 줄 아는 사려 깊은 사람이고, 자신의 감정도 통제할 줄 알았다. 코칭은 순조로웠고 얼마 지나지 않아 그녀는 삶의 방향을 전환했다. 자신의 삶을 새롭게 재편했고, 달라진 삶 속에서 즐거운 나날을 보냈다.

몇 주 후 우연히 정기 건강검진에서 이미 몇 달 전부터 그녀의 신체 조직은 변화에 극도로 시달리고 있다는 사실이 밝혀졌다. 그녀는 충격을 받았다. 그녀는 진단을 받을 때까지 한순간도 고통을 느끼지 않았기 때문이다. 아무런 고통도 느끼지 못했고, 진단받기 1초 전까지만 해도 그녀는 아주 생생했다. 그렇지만 1초 후에 그녀는 온 세상이 완전히 붕괴되는 것만 같았다.

말할 것도 없이 이 여성 의뢰인의 반응은 지극히 보편적이고 인간적이다. 이런 사례를 보면 인간의 생각이 어떤 힘을 지니고 있는지 알 수 있다. 사안 그 자체, 이 경우에 건강상의 변화는 직접적인 손해나 고통을 야기하지 않는다. 좌우간 어느 정도까지는 그렇다. 신체조직의 변화는 단순히 존재할 뿐이다. 아마도 몇 달 동안이나 그녀도 모르게 말이다. 그 사안을 해롭고 위험하다고 정리 및 분류해서 단죄하는 인간의 생각이 비로소 고통을 초래한다.

그녀는 몇 주 후 다시 정밀진단한 결과 신체 조직 변화가 양성으로 밝혀졌다. 악성 종양이 아니었기 때문에 헛소동을 벌인 셈이었다! 사실 그동안 내내 아무 일도 없었던 것이다. 이로써 인간의 생각이 일으키는 불합리한 영향력이 명백해졌다.

이러한 배후 관계를 감안해서 생각하고 느끼고 평가할 때 신중을 기해야 한다고 진심으로 당부한다. 사람들은 종종 너무나 많은 정보와 루머 등으로 인해 겁먹곤 한다. "모르는 게 약이다"라는 속담이 그냥 아무 이유 없이 생긴 말이 아니다.

사람들은 여러 가능성을 너무 성급하게 차단하고 길을 봉쇄할 때가 있다. 물론 과정 그 자체를 평가하는 것은 중요하다. 하지만 결실을 맺기 전에 배아 상태에서 해결의 실마리를 제거하는 일은 없어야 한다. 해결을 위해서는 전체적인 잠재력을 다 퍼올릴 수 있어야 한다.

내적 갈등을 하는 진짜 이유

짧은 시간여행을 통해 새로운 삶에 승차할 수 있다면 어떻게 할 것인가? 음울한 일상에서 벗어나고 싶지 않은가? 모든 강박, 갈등, 일과 삶의 균형이라는 거추장스러운 짐을 그냥 과거 속에 놓아버릴까? 무얼 더 머뭇거리고 있나?

자, 올라타세요! 우리의 (꿈의) 우주선에…

시간여행

무언가를 쓸 준비를 하길 바란다.

긴장을 풀고 몸을 뒤로 젖히고, 지금 여기가 어딘지 몇 시인지는 잊도록 하자. 깊게 숨을 들이마시고 내쉬면서 배로 숨을 쉬어보자.

두 눈을 감고 다음 상황을 상상해보자. 지금부터 2033년으로 가보자.

당신은 긴장이 풀려 편안하고 행복한 마음이 든다. 당신은 자신을 온전히 잘 알고 있으며, 당신의 삶을 마음껏 즐기고 있다. 자, 이제 주위를 둘러보자. 지금 당신은 어디에 있는가? 무엇을 하고 있는가? 주위에는 누가 있는가? 모든 것이 어떻게 보이는가? 그곳에서 어떤 냄새가 나는가? 당신의 눈앞에 어떤 색깔이 보이는가?

모든 것을 정확히 상상하고, 이러한 완벽한 세계를 두루 살펴보고 이런저런 생각을 하면서, 이미지들을 흡수하듯 받아들여보자. 몇 분 동안 이 숨막히는 2033년을 두루 돌아다닌 후, 또 몇 번 심호흡을 한 다음 서서히 당신의 몸을 깨어나게 하라.

연필과 종이를 재빨리 꺼내어 당신이 본 장면을 세세하게 기록해보자. 스케치 같은 그림을 그림으로 표현해도 좋고 또 다른 방법으로, 예컨대 콜라주 기법으로 이것저것 오려서 표현해도 좋다. 하나하나의 장면이 모두 소중하기 때문에 너무 서두르지는 말자.

시간 여행의 결과를 정리한 후 현재로 되돌아온다. 아쉬움이 남더라도 이곳, 현재로 힘차게 돌아오는 것이 필요하다. 그러기 위해 우리는 현재 모습도 만들어보려 한다.

당신의 현재 모습 그리기

스텝 1. 다양한 색깔과 크기의 색인 카드나 작은 메모지, 진한 연필을 준비하라. 될 수 있는 한 30분에서 45분 동안 어떤 방해도 받지 않도록, 그리고 마음대로 이용할 충분한 공간을 확보하라. 커다란 탁자 위 또는 방바닥에서 마음껏 생각을 펼칠 수 있으면 가장 좋다. 휴대폰은 물론 주위에 사람뿐만 아니라 필요한 경우에는 애완용 동물도 방해하지 않도록 다른 곳에 두자. 그럼 이제 당신의 현재 삶을 돌아보고 각 영역을 차례차례 머릿속에 떠올려보자. 예컨대 이런 영역까지 말이다.

* 사장, 동료, 고객과 같은 회사에 소속된 각각의 사람들
* 이성친구, 애인, 결혼, 애정 편력
* 가족이나 자녀들, 처가(친정) 혹은 시가
* 취미, 열정, 여가에 하는 일, 그리고 그것과 관련된 사람들
* 친구와 지인들
* 그밖에 단체나 명예직과 같은 한때 일했던 역할

유연한 사고를 하고, 당신에게 적절한 모든 것을 샅샅이 찾아

보자. 당신은 이 모든 것을 불러올 준비를 하기 위해 각각의 영역을 항목별로 종이에 기록할 수도 있다. 그런 후에 각 영역을 위한 카드를 놓아보자. 카드의 크기와 색깔은 주관적으로 주제에 적합하도록 선택해보자. 예컨대 그 일이 당신의 삶에 많은 공간을 차지한다면 비교적 큰 카드를 고르자. 취미가 당신에게 큰 기쁨을 선사한다면 마음에 드는 색깔을 선택해보자.

이와 동일한 것이 그때그때의 영역에서 하나의 역할을 수행하는 사람들에게 적용된다. 물론 각 개개인을 하나의 카드에 영원히 남길 필요는 없다. 그때그때의 영역에 두드러진 역할을 하는 누군가가 있다면 예컨대 자신의 카드로 당신의 마음에 드는 동료나 제일 친한 친구의 가치를 인정해보자.

스텝 2. 카드마다 이제 두 개의 표제어가 기록된다. 무엇보다도 '회사 XY' '반일 근무 일자리' '수영 클럽' '여사장 뮐러 부인' '동료 슈미트' 등으로 생활 영역 내지는 그것에 상응하는 주제나 인물을 구체적으로 확실히 하자. 그런 다음 각 영역이나 인물의 특성을, 말하자면 직업에 대해서는 정신병원이나 금광으로, 딩신의 요가 센터에 대해서는 휴식 오아시스로, 미워하는 동료는 돼지로, 연인은 참새로 당신만의 비공식적인 평가를 매겨보자.

이때 당신 자신에 대해 진실한 태도를 취하는 것이 무척 중요하다. 만약 사회에서 바람직하다고 생각되는 방향으로 행동하거나, 자신을 속이면 이 작업은 무용지물이 된다. 그러면 당신은 이 작업을 당장 그만두는 것이 더 낫다. 어쩌면 정치적으로 올바르지 않을 수 있다는 생각이 이런 자리에서는 도움이 될지도 모른다. 모든 것이 허락되어 있다. 중요한 것은 그 일이 당신에게 재미있고, 당신의 주관적인 생활공간을 드러낸다는 사실이다!

스텝 3. 이 훈련의 마지막 단계다. 카드를 펼쳐 놓자. 카드의 배열에서 그 문제의 특색이 드러나도록 유의해야 한다. 중요한 영역이나 우세한 영역을 예컨대 위나 중앙에 놓고, 유사한 영역끼리는 서로 그룹을 지을 수 있다. 어떤 주제나 인물이 현재 삶에서 중심적 위치를 차지하지 않으면 멀리 치워놓거나 가장자리에 두자. 모두 적절한 명칭이 붙어 있는지, 제대로 배열되었는지 확인하라.

이러한 프로세스가 우리가 하려고 하는 공동 작업의 핵심이다. 사람들 대부분 자신의 생활 영역, 주제, 중요한 인물을 분명히 의식하지 못한다. 어째서 그럴까?

일상적으로 그것들에 둘러싸여 있어서 어느 정도 당연하게 느끼기 때문이다. 당신의 현재 모습, 현 상황을 의식하게 되는 것이 이 작업의 첫걸음이다.

이러한 과정을 구체적으로 형상화하기 위해 이제부터 의뢰인 두 사람의 이야기를 하려고 한다(물론 이름과 기본적인 상황은 실제와 다르게 각색했다). 이 두 사람의 세세한 변화 과정을 통해 당신은 좀 더 수월하게 이 훈련을 수행할 수 있을 것이다.

갈등을 자세히 들여다봐야 한다

올해 41세인 크리스티네는 병원에서 수술 보조 간호사이자 인력 관리자로 반나절만 일한다. 그녀는 마티아스(46세, 치과의사)와 결혼했고, 둘 사이에는 레나(17세, 실습생)와 요헨(13세, 학생)이 있다. 이 가족은 프랑크푸르트 외곽의 자택에서 살고 있다. 크리스티네가 우리한테 코칭을 받으러 왔을 때 그녀의 첫 마디는 이러했다.

"나는 이런 싸움이 이제 너무나도 지겨워요!"

그녀는 기진맥진해 있었고 불안해 보였으며, 눈에는 눈물이 그렁그렁했다. 두 달 전부터 그녀는 규칙적으로 두통에 시달리고 있으며, 식욕은 없고, 머리카락이 자꾸 빠진다고 하소연했다. 그녀는 우리에게 자신의 이야기를 솔직하게 털어놓았다.

이야기를 들은 우리는 그녀의 현재 모습을 분석했는데, 그 결과는 다음과 같다.

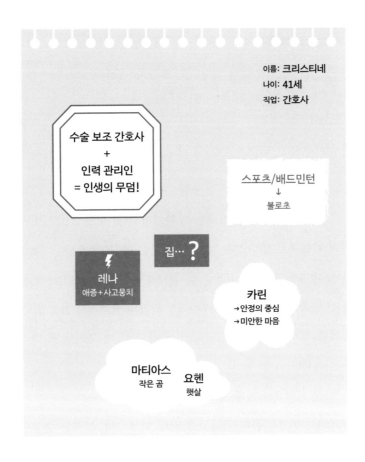

크리스티네의 상이하고 다양한 생활 영역은 각기 따로 존재하고, 서로 멀리 떨어져 있다. 그녀는 반일 직업(수술 보조 + 인력 관

리)에 대해 일단 정지 교통표지판 모양의 크고 붉은 카드로 표현했고, 검고 굵은 글씨로 '인생의 무덤!'이라고 써서 그 특성을 부여했다. 그것은 최상단에 위치하며 전체 그림을 지배한다.

가족을 위해 담청색 구름이 선택되었고, 거기에 남편 마티아스(작은 곰)와 아들 요헨(햇살)이 기록되었다. 딸 레나(애증 + 사고뭉치)는 번개 상징을 덧붙여 따로 청록색 카드에 기록했다. 그 옆에 마찬가지로 청록색의 카드인 '집'에 그녀는 커다란 물음표를 그려 넣었다. 또 다른 카테고리인 스포츠/배드민턴에는 노란색으로 반짝이는 작은 카드 위에 불로장생을 의미하는 '불로초'를 기록했는데, 그 테두리는 찢겨 있고 군데군데 가닥이 풀려 있다. 가족 구름과 스포츠 카드 사이에는 꽃 모양으로 반듯이 잘린 장미색 카드가 있는데, 그것은 크리스티네의 친한 여자친구 카린을 나타낸다.

크리스티네는 대화를 나누면서 자신이 처한 상황에 대해 이야기한다. 그녀는 몇 년 전부터 병원에서 원래의 간호 업무 말고도 인력 관리 업무를 맡았다. 그 때문에 본래의 업무로부터 20퍼센트 정도 벗어나 있고, 추가로 해야 하는 업무는 시간 낭비이자 보람 없는 일로 느끼고 있다. 그녀는 정해진 빠듯한 일정 내에 어떤 정보를 얻어내고 혁신을 단행해야 하므로 상관들뿐만 아니라 남녀 동료들 사이에서도 인기가 없다. 그런 일을 하면 언제나 지지를 못 받게 마련이다. 그녀는 4년 전에 병원으로부터 인력 관리 교육자금을 지원받았는데 그 때문에 자신이 '매장당하게 됐다'고 생각한다. 그 대가로 10년간 인력 관리인으로 일할 의무를 이행해야 했기 때문이다.

남편 마티아스와 아들 요헨은 그녀를 지지하고 신뢰한다. 그녀는 자신의 딸과는 애증의 관계로 얽혀 있다. 크리스티네는 특정 문제에 대해 같은 여자로서 의견을 공유할 수 있는 딸이 있는 것을 고맙게 생각한다. 그러나 한편으로 딸이 사춘기에 들어서면서 반항이 늘어나면서 감당할 수 없는 지경까지 이르렀고, 차라리 레나가 집을 나가서 자신을 길을 갔으면 하고 바랄 때도 있다(그녀는 이런 사실을 감히 입 밖에 내지 못하는 것은 물론이고 거의 인정하지도 않는다).

크리스티네의 집은 그녀에게 안정과 휴식을 제공하지만, 직업적인 제약으로 날이 갈수록 깨끗하게 정리하지 못하고 있다. 이런 점에서 그녀는 반일 근무하며 가정을 완벽하게 꾸려나가기를 원하는 남편의 요구에 종종 스트레스를 받는다. 아이들도 각자 할 일을 분담해 이행하지 않는다면 이렇게 큰 집을 유지하기 어려울 것이다.

그녀는 체력을 유지하고 즐거움을 주는 스포츠에 쏟을 시간마저 없다. 친구 카린과 더 많은 시간을 보내고 싶지만 그것마저 마음대로 되지 않는다. 미혼인 카린은 나들이를 가거나 주말여행을 가자고 종종 얘기하지만 벌써 몇 번이나 들어주지 못했다.

이런 문제를 한마디로 정리하면 이렇다. 크리스티네는 어떻게든 모든 일과 모든 사람에게 동시에 정당한 평가를 받고 싶어하고, 그래야만 한다고 생각한다. 그녀는 현재 육체적으로 한계에 도달해 있다. 그런데 크리스티네의 모습이 어딘지 모르게 지금 당신 자신의 모습과 닮아 있지 않은가? 그렇다면 다음과 같이 해보길 바란다.

a. 생각하고 메모하기에 가장 편한 자세를 취하라.
b. 자신의 상황을 크리스티네처럼 그림과 글로 표현해보자.
c. 사안에 따라 색깔을 고르고, 항목을 덧붙이는 방식으로.
d. 모든 것을 되도록 구체적으로 묘사해보자.

올해 32세인 알렉스는 미국계 기업 컨설턴트로 일한다. 그는 리자(33세, 마케팅 전문가)와 결혼해 뒤셀도르프 도심에 있는 아파트의 맨 위층 펜트하우스에서 살고 있다. 주중에 그는 프로젝트를 위해 독일 각지를 돌아다닌다.

알렉스는 자신이 대단히 잘 지낸다고 우기는 폐쇄적인 타입이다. 그러면서 우리와 이야기하는 중에 가끔 당황하며 웃기도 했다. 아내인 리자는 알렉스가 점점 정서 불안을 보인다고 생각해서 그에게 코칭을 받아볼 것을 권유했다. 알렉스가 볼 때는 삶에 고점과 저점이 있는 것이 정상이다. 그는 현재의 상황이 길어야 2, 3년쯤 갈 거라고 생각한다. 자주 밤늦게까지 일하고, 수면장애를 겪고 있어, 호텔에서 잠자리에 들기 위해 와인 한 병을 마시곤 한다. 그의 현재 모습을 분석한 결과는 다음과 같다.

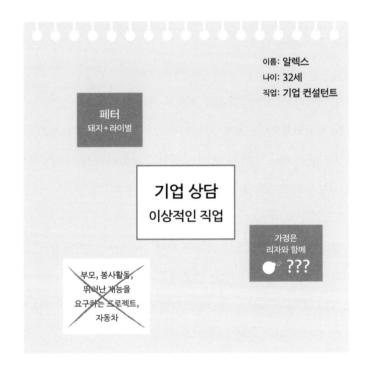

가운데에는 알렉스가 자랑스러워하는 자신의 직업이 이상적인 직업이라는 말과 함께 커다란 카드 위에 적혀 있다. 그 위에는 그의 상사인 페터(돼지 + 경쟁자)가 떡 하니 버티고 있다. 동반자를 나타내는 '가정은 리사와 함께'에는 폭탄과 세 개의 물음표가 발견된다. 한쪽 귀퉁이에 보잘것없는 하얀색의 여가용 카드에는 '부모' '봉사활동' '뛰어난 재능을 요구하는 프로젝트' '자동차'와 같은 개념들이 뭉쳐 있는데, 거기엔 보란 듯이 커다란 엑스x가 써있다.

알렉스는 대화를 나누면서 상세하게 배경을 설명했다. 대학 졸업 후 그는 기업 상담 분야에 근무하면서 독일 전역을 돌아다니며 일주일에 거의 80시간씩 일하고 있다. 목요일이나 금요일에 뒤셀도르프로 돌아오지만, 주말에도 가끔 다음 주 일정을 위해 무언가를 준비해야 한다. 그는 예전에는 그런 것을 잘 견뎌낼 수 있었다. 그러나 지금은 여가 시간에 자주 피곤하고 지쳐서 주말에 차마 일을 할 결단을 내리지 못한다. 그는 지난 몇 년 동안 출장을 두루 다녔고, 또한 자신의 라이프스타일을 소중히 여긴다. 몇 달 전부터 그는 페터라는 상사 밑에서 일하고 있다. 특히 그는 페터가 자신의 아이디어와, 해결책을 도용하고 마치 자신의 것인 양 으스대며, 도리어 자신을 나쁘게 평가한 탓에 기분이 언짢다.

그는 리자와 같이 사는 집을 긴장을 풀 수 있는 휴식처로, 시원한 바람이 부는 항구로 생각했었다. 그러나 2년 전부터 그는 커다란 압력을 받기 시작했다. 리자가 점점 그의 직업 상황을 이해하지 못하고, 아이를 빨리 갖자고 하기 때문이다. 둘이 다투는 횟수가 더 잦아지고, 때로는 아주 큰 소리로 싸우기도 한다. 그럴 때면 리자는 이혼하겠다고 협박한다. 알렉스는 기업 컨설턴트로 2, 3년 더 일하고 나서 승진한 다음 아이에 대해 생각하고 싶다.

가끔 그는 함부르크에 사는 부모님을 자주 뵙지 못하는 것을 안타까워한다. 대학에 다닐 때는 봉사활동으로 수학 영재들을 돌보았지만, 지금은 유감스럽게도 더 이상 그러지 못하고 있다. 그는 자신의 오래된 스포츠카를 좋아하지만, 지금은 그것을 타고 밖으로 나가는 일이 매우 드물다.

아무튼 알렉스의 경우 첫눈에 모든 것이 확립되어 있는 동시에 긴장을 야기하는 듯 보인다. 실은 균형이 모두 무너져 있다. 알렉스의 이상적인 모습은 위험에 처해 있고, 그러한 사실이 신체적으로 나타나고 있다.

다음 단계로 넘어가기 전에, 스스로 현재 모습을 새로이 묘사해보자. 벌써 이 자리에서 빨리 벗어나고 싶어 안달이 날 것이다. 우리는 그 심정을 충분히 이해한다. 그러한 반응은 아주 정상적이고, 또 유익하다. 그럴 수 있다면 좋겠지만 오랜 세월 눌어붙어서 딱지가 돼버린 것을 20분 만에 떼어 낼 수는 없다.

이제 당신은 분명히 알 수 있을 것이다. 누구나 갈등거리를 가지고 있지만 아무도 그것을 원하지 않는다. 갈등은 아침부터 밤까지 따라다닌다. 하지만 갈등은 당신이 움직이고 변하며 발전하도록 자극하는 당신 내부의 에너지, 당신이 인식하고 배우는 에너지에 불을 붙인다.

우리는 다음 장에서 강박과 갈등에 자꾸 얽매이는 경향이 있는, 잠재의식이 부르는 속임수를 물리치는 데 집중하고자 한다. 그것은 당신에게 달갑지 않지만 안정을 암시하는 삶의 구조를 제공한다.

그럼 갈등을 극복하는 일에 매진하면서도 왜 당신이 갈등에 얽매여 있는지 제대로 살펴보도록 하자.

10장.
이상하게 생각하지 않는다

내부 갈등을 화해시키는 기술

앞에서 언급했던 의뢰인, 알렉스를 기억하는가? 그가 현재 수행하고 있는 상이하고 다양한 역할을 끌어내린다. 알렉스는 무엇보다도 아들, 남편, (잠재적인) 아버지, 친구, 대학 졸업자, (기업 상담을 하는) 직원, (상사 페터의) 부하, 초과 시간 근무자, 출장을 많이 다니는 자, 라인란트 주민, 세입자, (한때 영재들의) 교사, 자동차 애호가/운전자, 와인 애호가다. 각자의 역할이 마구 시비를 걸면서 자신의 목소리를 높이고, 이런저런 의견을 피력하며 원하고 요구하는 다투기 좋아하는 모습을 상상할 수도 있다.

이제는 이 글을 읽으며 우리를 따라와 준 당신의 내부에 있는 목소리 내지는 역할의 다양성에 집중하기로 하자. 당신에게는 무척 많은 '나'가 있지 않은가?

이제 당신의 차례다. 당신이 담당하고 있는 역할이 든 카드를 내려놓고, 다음과 같은 도표를 그려보길 바란다.

역할	욕구
역할 1	- -
역할 2	- -
…	- -

역할들을 밝히면 문제를 해결하기 좀 더 쉬워진다. 사람들은 일상에서 자신을 통일체로 인지하고, 내적인 다양성을 결코 의식하지 못한다. 이런 통일체적 사고를 하는 경우 어떤 역할과 다른 역할이 교착상태에 있을 때 비로소 문제가 표면에 떠오른다. 그럴 때 대부분 그 문제가 개개인의 정체성 한 부분하고만 관련되어 있다는 것을 알지 못하고 일반화한다.

그렇게 되면 그 문제를 제거하기 위해 구체적으로 어떤 일에 착수해야 할지도 알기 어렵다. 어떤 일이 정상적으로 돌아가지 않는다는 사실만 깨닫고, 자신이 매우 어려운 문제에 직면해 있다고 여기게 되는 것이다.

부분 정체성, 역할에 대한 부족한 인식 혹은 문제를 일으키는 사람이라는 자책감이 당신의 삶을 한층 복합적으로 만들고, 때때로 더 복잡하게 만든다. 하지만 보람이 없는 것은 아니다. 왜냐하면 그래야만 당신은 지속적으로 심도 있는 진척을 이룰 수 있기 때문이다.

우리가 이런 방향으로 계속 작업하기 전에 크리스티네의 역할을 목록에 수록하고, 그것을 열거하며 다음 장에서 조정하도록 해보겠다. 그러면 당신은 역할 분석을 제대로 했는지 비교해볼 수 있다. 어쩌면 스스로 작성하며 어떤 영감을 받을지도 모른다.

크리스티네는 아내, 어머니, 자택 소유자, 수술 보조 간호사, 인력 관리인, 반나절 근무자, 부하, 동료, 헤센 출신의 여자, 스포츠를 좋아하는 여자, 여자친구, 소풍을 즐기는 여자다.

당신 스스로 어떤 역할을 수행하고 있는지 위와 같이 부분 정체성을 정리해본 후에 이 책의 1부에서 이야기했던 것을 떠올려보자. 다음의 체크리스트를 스스로 작성해보면서 일상생활에서 어떤 압박 혹은 스트레스를 받는지 확인해보자.

구속복 체크		
강제	직업적으로	사적으로
성과	☐	☐
스트레스	☐	☐
의미 부여	☐	☐
완벽	☐	☐
균형	☐	☐
자아실현	☐	☐

자, 체크해보았는가? 이러한 결과는 단지 빙산의 일각일 뿐이다. 인간은 본질적으로 자신이 의식하고 있는 일에만 손을 댈 수 있다. 많은 강박이 우리 내부에 깊이 뿌리박혀 있어서 곧장 그것에 호소할 수 없는 처지다.

9장에서 이야기했던 빙산을 생각해보며 상이한 갈등의 영역을 다음과 같이 참조하려고 한다.

1. 입장
2. 욕구

3. 동기 부여

4. 가치

무엇을 알 수 있는가? 자세히 살펴보면 당신의 갈등은 본질적으로 입장의 영역에서 일어난다. 이는 크리스티네나 알렉스의 경우에서도 마찬가지다.

크리스티네는 좋은 아내가 되어야 한다는 성과 강박과 완벽 강박을 받고 있다. 나쁜 아내가 되겠다고 할 여자가 대체 누가 있을까? 그녀는 자기 남편의 기대를 충족시키면 좋은 아내가 될 것이다. 그녀가 집을 완벽히 정리하고 깨끗하게 유지할 수 있다면 특히 그렇다. 그런데 이때 압력에 시달린다. 왜냐하면 그녀는 반나절 동안은 일하기 때문에 이론적으로 볼 때 다른 절반만 집에서 보낼 수 있다.

여기에다 크리스티네는 능력 있고 완벽한 어머니여야 한다는 기대까지 더해진다. 매정한 어머니로 평가받고 싶은 여자가 누가 있을까? 오늘날 남자든 여자든 숙제를 봐주고, 학부모 행사에 찾아가고, 학교 바자회에 참가하고, 아이들을 수련회에 데려다주고, 아이들이 다방면에 재능을 키울 수 있게 피아노, 중국어, 골프를 배우도록 해줘야 한다. 그러므로 크리스티네는 매주 (원래는 도저히 낼 수 없는) 몇 시간을 아이들에게 투자한다.

직장에서 그녀는 나날이 좀 더 나은 모습을 보일 것을 요구받는다(성과, 완벽 강박). 점점 높아지는 실업률과 폭발적으로 증가하는 업무의 압박 탓에 괴롭지만 어떻게든 좇아가야 한다. 그녀는 인력 관리인으로서 지속적인 재교육을 받아야 한다. 그 밖에도 반일 근무를 하는 그녀는 동료들을 대신해 일을 해줘야 할 때도 자주 있다. 또한 크리스티네는 퇴근 후 시간을 알차게 보내고도 싶다. 몸이 파김치 상태인데도 친구와 만날 약속을 하고, 불평 없이 남이 하지 않는 체험 이벤트에 참가한다. 이런 상황에서 배드민턴 같은 스포츠를 즐긴다는 것은 그야말로 기품 있는 행위에 속한다.

피상적인 이야기 같지만, 이렇게 겉으로 드러나는 것은 우리의 내적 문제와 깊이 관련이 있다. 어쩌면 당신은 자신의 삶을 힘들게 만드는 이런저런 추가적인 강박을 스스로에게서 확인할 수 있었을지도 모른다. 무엇이 분명해지는가? 크리스티네와 알렉스는 외적인 자기를 잃어버림으로써 내적인 자기 자신에 이르는 통로를 잃어버렸다. 그들의 욕구는 수포로 돌아갔고, 완전히 위축되었다.

"너는 일에서 150퍼센트를 내야 한다!"와 대결하는 "너는 가사에서 150퍼센트를 역할을 해내야 한다!"는 입장은 합일될 수 없으며, 갈등을 불러일으킨다. "너는 주당 80시간 일해야 한다"

와 대결하는 "부모, 파트너, 자녀를 위한 시간을 내야 한다!"는 입장도 마찬가지다.

하지만 우리가 빙산 모델과 네 개의 갈등 영역(입장, 욕구, 동기 부여, 가치)을 돌이켜 생각해보면 보다 깊은 차원의 갈등에 자주 윈윈전략이 숨어 있음을 떠올릴 수 있다. 우리는 이제 우리 작업의 핵심, 역할의 상호 욕구 보상 모델에 이른다.

욕구 보상 모델 작성하기

물론 일과 삶의 균형이라는 주제는 전혀 새로운 것이 아니다. 하물며 이미 검증된 1,001개의 일과 삶의 균형 모델들이 있으며, 기둥 모델, 초석 모델, 이하 등등의 모델과 같은 그에 상응하는 해결의 실마리들이 존재한다. 이러한 모델들은 본질적으로 특정한 시간 할당량이 그때그때의 일이나 삶의 영역 사이에서 이리저리 움직이는 것을 통해 특징지어져 있다.

당신이 아무리 열심히 산다고 해도 하루는 24시간이다. 지금까지의 시도는 시간적으로 대충 균형 잡힌 관계를 이루도록 하는 데 기반을 두고 있다.

말할 것도 없이 순전히 시간에 기초한 이런 해결법은 당신의 강박과 개인적인 욕구 상황을 결코 제대로 평가할 수 없다.

우리는 모든 것을 획일적으로 다루는 것이 아니라, 욕구 지향을 우선으로 그다음 단계를 설계한다. 그것이 우리 모델의 하이라이트다.

일반적으로 말하면 욕구 보상 모델은 모든 내적·외적 갈등을 해결하기 위한 보편적 모델이다. 다음 그림은 그 모델이 어떻게 기능하는지 분명하게 보여준다.

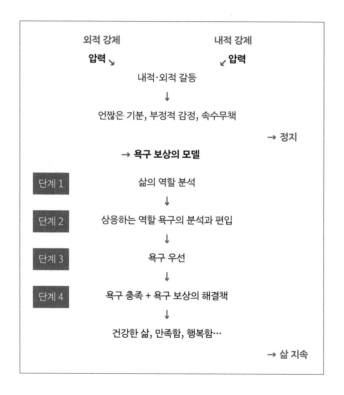

외적 강제 　　　　　　 내적 강제
압력 ↘ 　　　　　↙ **압력**

내적·외적 갈등
↓
언짢은 기분, 부정적 감정, 속수무책

→ 정지

→ **욕구 보상의 모델**

단계 1	삶의 역할 분석
	↓
단계 2	상응하는 역할 욕구의 분석과 편입
	↓
단계 3	욕구 우선
	↓
단계 4	욕구 충족 + 욕구 보상의 해결책

↓
건강한 삶, 만족함, 행복함…

→ 삶 지속

당신이 보듯이, 우리의 모델에서 욕구라는 개념이 두드러지게 여러 번 등장한다. 우리는 즉시 당신을 안내해 당신 자신의 욕구 영역으로 가서 자신을 분석하고 우선순위에 놓고 충족시킬 것이다. 그것은 감정과 가장 무관하게 진행된다.

이미 우리 사회의 강박증을 다루면서 밝힌 적이 있다. 외부 세계와 비교하여 사람들의 행복 수준을 측정해볼 때, 사람들은 모두 행복해야 함에도 잘 지내지 못하고 고통을 겪고 있다. 과연 어찌된 일일까? 고통은 언제나 주관적이다. 복층 아파트에 사는 40대 중반의 많은 사람이, 골판지 상자 속에 살아도 우주적 희열을 맛보는 인도의 탁발승보다 더 삶이 형편없다고 느끼기도 한다. 다음 표에는 당신을 위해 준비한 일련의 욕구들이 있다.

인정 / 가치평가	친밀감 / 보호받음	성생활
호흡	창의성	안정 / 보호
감격 / 재미	경쾌함 / 기쁨	정신성
참가	집 / 온기	마시기 / 먹기
움직임	리듬 / 질서	지원
교양	의식 / 축제	이해심
성실 / 진정성	휴식 / 고독	이해 / 명백
평화 / 조화	수면	신뢰
명랑	자립 / 자율	소속감
정직 / 참됨	자신감	…

다른 사람들이 당신을 어떻게 생각하고 판단하든 상관이 없다. 다시 말하자면 당신은 스스로의 감정에 충실할 권리가 있다. 그것만으로도 충분하다!

인간의 감정은 무척 단순하다. 욕구가 충족되면 대체로 긍정적인 감정을 체험한다. 욕구가 충족되지 않는다면 부정적인 감정을 체험하게 된다. 당신의 기분이 언짢다면 욕구가 성취되지 않았다는 뜻이다. 시간 할당량을 이리저리 조절하는 것만으로는 건강한 삶을 보장할 수 없다.

- 긍정적인 감정 : 균형 잡힌, 침착한, 긴장이 완화된, 행복한, 생기 있는, 고무된, 열렬한, 반한, 자유로운, 감사하는, 낙관적인, 관심이 있는…
- 부정적인 감정 : 고독한, 질투가 심한, 시기심이 있는, 굶주린, 기진맥진한, 나태한, 머뭇거리는, 의기소침한, 무감각한, 속수무책인, 불안정한, 좌절한, 소심한, 신경질적인…

자기 인식은 어떻게 충족될까?

    알렉스의 역할을 살펴보고, 상이한 역할 속에서 어떤 욕구들이 나타나는지 분석해보자. 당신의 작업에 105퍼센트의 진전을 위해 다음의 예시를 자세히 살펴보길 바란다.

알렉스의 역할 욕구

역할	욕구	
아들	인정 / 가치평가	자립 / 자율
	참여	자신감
	성실 / 진정성	안정 / 보호
	평화 / 조화	지원
	정직성 / 참됨	이해심
	집 / 온기	신뢰
	리듬 / 질서	소속감

남편	인정 / 가치평가	자립 / 자율
	참여	자신감
	성실 / 진정성	성생활
	평화 / 조화	안정 / 보호
	정직성 / 참됨	지원
	가까움 / 보호받음	이해 / 명백
	경쾌함 / 기쁨	신뢰
	집 / 온기	
(잠재적인) 아버지	인정 / 가치평가	경쾌함 / 기쁨
	감격 / 재미	자신감
	참여	이해심
	평화 / 조화	이해 / 명백
	명랑	신뢰
친구/동료	인정 / 가치평가	지원
	감격 / 재미	이해심
	참여	이해 / 명백
	성실 / 진실성	신뢰
	자신감	소속감
대학 졸업자	인정 / 가치평가	자신감
	교양	소속감
친구/동료	인정 / 가치평가	자립 / 자율
	참여	자신감
	교양	안정 / 보호
	성실 / 진실성	지원
	평화 / 조화	이해심
	정직성 / 참됨	이해 / 명백
	창의성	소속감
	리듬 / 질서	

부하	인정 / 가치평가 참여 교양 성실 / 진실성 평화 / 조화 정직성 / 참됨	자립 / 자율 자신감 안정 / 보호 지원 이해력 이해 / 명백 신뢰
초과 근무자	인정 / 가치평가 창의성	감격 / 재미
출장을 많이 다니는 자	감격 / 재미 명랑	경쾌함 / 기쁨 자신감
라인란트 주민	감격 / 재미 명랑 경쾌함 / 기쁨	의식 / 축제 소속감
세입자	평화 / 조화 집 / 온기	안정 / 보호 신뢰
(예전의) 교사	인정 / 가치평가 감격 / 재미	교양 창의성 자신감
자동차 애호가 /운전자	감격 / 재미 명랑	경쾌함 / 기쁨
와인 애호가	감격 / 재미 명랑 경쾌함 / 기쁨	의식 / 축제 마시기 / 먹기

무엇이 분명해지는가? 인간은 아주 다양한 역할을 수행한다. 이렇게 다양한 부분 정체성으로 지극히 복합적으로 이루어졌다 해도 생활 설계에는 몇 개의 본질적이고 항상 되풀이되는 욕구가 존재한다. 알렉스의 경우에는 예를 들어 다음과 같은 역할의 독립성이 자주 나타난다.

- 인정/가치평가
- 성실/진정성
- 자신감

이것이 의식화 작업의 두 번째 단계이고, 우리의 욕구 보상 모델의 핵심이다. 즉 동일하거나 유사한 욕구가 상이한 역할의 토대가 되면 이론적으로 볼 때 욕구를 서로 보상하는 것도 가능할 것으로 짐작된다.

또는 다른 식으로 표현하자면, 욕구 충족을 어떤 생활 영역으로부터 다른 영역으로 옮기고 전달하는 것도 가능할 것이다. 그럴 경우 욕구 자체는 대단히 상이하게, 마찬가지로 극도로 다양하게 충족될 수 있다. 독창적인 아이디어나 구체적 입장이 반드시 필요하지는 않다.

크리스티네의 경우 비교 가능한 모습이 보인다. 우리는 그것을 일목요연하게 드러나도록 발췌해서 보여주겠다.

크리스티네의 역할 욕구

역할	욕구	
어머니	인정 / 가치평가 평화 / 조화 지원	이해심 이해 / 명백 신뢰 소속감
아내	인정 / 가치평가 평화 / 조화 친밀감 / 보호받음 집 / 온기 자립 / 자율	성생활 안정 / 보호 지원 이해심 신뢰 소속감

이제 당신이 질문을 받을 차례다. 자신의 역할과 욕구 목록을 작성할 준비를 하고, 자기 안에 있는 여러 목소리가 발언할 수 있게 독려하라. 앞에서 역할 분석을 할 때 준비한 일람표를 채워서 완성할 수 있을 것이다.

자신과의 진솔한 대화를 시작해보자. 마음속으로 그때그때의 역할을 생각하며 감정을 느껴보자. 자신의 부분 정체성과 대화를 하고, 거기서 어떤 욕구가 지배적인지 알아내보자.

자신의 다양한 역할 속에 존재하는 욕구의 목록을 직접 작성해보자.

역할	욕구

숨겨진 욕구를 확인하는 방법

자신의 욕구 상황을 전체적으로 살펴본 후에 다음 단계로 가길 바란다. 지금 우리가 하고 있는 작업은 스스로를 긴장시키고 자극을 주는 방법이다. 특히 자극을 주는 가장 좋은 방법이 무엇인지 아는가? 바로 충격을 주는 것이다.

그러기 위해 다음 질문에 반드시 자필로 답하길 바란다. 기록으로 남겨두면 언제 어디서나 다시 꺼내보고, 계속 거기에 맞추어 현실성을 유지할 수 있다.

□ 어릴 때 무슨 일을 하고 싶었는가?
□ 다른 사람들이 당신에게 어떤 재능이 있다고 하는가?
□ 친구나 친지는 당신의 어떤 점을 가장 비판하는가?

□ 체형은 어떠한가?

□ 더 불행해지려면 어떤 일이 일어나야 할까?

□ 당신은 양심적인 사람인가?

□ 무엇을 신뢰하고 믿는가?

□ 어떤 이상을 추구하는가?

수면 아래로 가라앉아 잘 보이지 않는 빙산의 아랫부분까지 충분히 인식하기 위해서는 위 질문에 대한 자신의 답변을 이용하길 바란다. 욕구 안경을 쓰고 이제 자신이 답변한 모든 개별적인 양상을 검토하라. 즉 그 양상이 어떤 욕구에 말을 걸고, 어떤 욕구를 전제하고, 어떤 욕구를 건드리거나 충족시키는가?

크리스티네의 경우는 다음 사실이 밝혀졌다.

• 그녀는 언제나 바다를 사랑했다.

• 다른 사람들은 그녀의 협조심을 평가하면서 이와 동시에 그녀가 이용당할 수 있음을 우려한다.

• 그녀는 정의가 중요하므로 결코 누군가를 속여 이득을 취하려고 하지 않는다.

• 그녀는 자연과 가까운 삶을 위해 기꺼이 도시문화를 포기할

용의가 있다.

- 그녀는 사는 동안 자신의 뜻을 실현하고자 한다.

이러한 연관성에서 볼 때 그녀의 욕구는 휴식, 지원, 인정, 성실, 평화다.

알렉스에 대해서는 우리는 무엇보다도 다음 사실을 알아냈다.

- 그는 어릴 때부터 개를 키우고 싶어 했다.
- 다른 사람들은 그가 무척 재능이 있다고 생각한다.
- 그의 친구들은 그가 타인과의 관계에서 너무 유순하다고 생각한다.
- 그는 매력적인 몸을 가졌으면 한다.
- 그는 자주 양심의 가책을 받는다.

이러한 연관성에서 볼 때 그의 욕구는 친밀감, 온기, 가치평가, 조화, 자신감이다.

어느새 우리는 매우 심도 있게 감정 영역과 욕구 영역을 살펴보았다. 이러한 사실을 알게 되어 당신은 약간 낯선 느낌을 받을지도 모른다. 우리의 많은 고객들도 당혹스러워 했다. 하지만 당혹감은 언제나 변화를 위한 좋은 전제다.

이러한 당혹감이 왜 생길까? 사람들은 그것에 익숙하지 않다. 그리고 자신의 감정과 욕구의 관계를 철저히 잊고 말았다. 이 책의 1부에서 조목조목 파헤친 온갖 압력과 스트레스로 인해 말이다. 그래서 당신은 자신이 원하는 것을, 마음이 끌리고 느낀 일을 외면하거나 포기할 수 있었다. 실제적으로 인간의 삶은 자신이 배제된 채로 진행된다. 예컨대 감정에 대해 물으면 많은 사람이 이렇게 대답한다.

"제 남편(혹은 아내)은 늘 이것저것을 합니다."

대체 자신의 감정이 어디에 있을까? 감정이란 결코 다른 사람이 하는 어떤 일일 수 없다. 감정이란 언제나 사람의 마음속 깊이 들어있는 어떤 것일 뿐.

이렇게 당신은 점차, 아주 서서히 자신을 신뢰하고, 자신의 감정 세계와 욕구 세계를 조심스럽게 재발견하고 그것을 진지하게 여기는 법을 배우게 될 것이다. 당신의 소망과 꿈이 우리에게 그 길을 가리켜줄 것이다.

소망은 어디로 갈 것인가?

우리는 앞에서 당신에게 당신의 새 삶에 승차하기 위해 2033년으로 시간여행을 떠나자고 했다. 이제 당신의 결과를 평가하고, 전체 맥락에 끼워 넣을 적절한 순간이 왔다. 이제 스스로 자신의 평점은 어떻게 매겼든 상관없이 당신이 만든 것, 당신의 모습, 당신의 콜라주를 손에 쥐어보길 바란다.

시간여행을 할 때 몇 년 내에 실제로 체험하고 싶은 당신의 소망, 꿈과 동경이 중요하다. 그 배후에는 이제 다시 우리가 함께 만들어내는 특정한 욕구가 숨어 있다. 우리는 이러한 과정을 크리스티네의 이야기로 대신한다.

크리스티네는 꿈속에서 남편과 발트해에 살고 있다. 그의 치과 진료실은 팔렸고, 아이들은 독립했으며, 각자 자신의 이성 친구 혹은 배우자, 손자·손녀들과 함께 찾아온다. 그녀는 자연 속을 돌아다니기 좋아하고 책을 많이 읽는다.

크리스티네 욕구의 영역은 무엇보다도 움직임, 교양, 친밀감, 휴식으로 볼 수 있다. 더불어 알렉스의 꿈도 함께 살펴보자.

알렉스는 자신을 독립적인 조언자로 여긴다. 그는 그사이 아이가 하나 생겼고, 도시 중심부의 큰 집에서 아내, 애완동물과 함께 살고 있다.

알렉스의 욕구 영역에서 볼 때 친밀감, 집, 자립/자율, 소속감 이렇게 보여진다.

자, 이제 당신 차례다. 당신은 꿈결 같은 2033년의 미래에서 자신에 대한 어떤 욕구를 확인할 수 있는가? 우리가 또다시 화제로 삼을 당신 자신의 욕구 목록을 완전하게 보충해보자.

중요한 운석 시나리오

마음을 단단히 먹고 무언가를 쓸 준비를 해보자. 다음과 같은 상상을 해보자. 운석 하나가 지구를 향해 멈출 줄 모르고 빠른 속도로 날아오고 있다. 정확히 일주일 후 운석은 지구와 지구상의 모든 생명을 사라지게 할 정도로 심각한 위기에 놓여 있다. 빠져나갈 방법은 없다.

당신은 앞으로 이 마지막 7일을 어떻게 보낼 건가? 무슨 일을 할 것인가? 당신의 활동, 계획, 목표 등을 몇 개의 키워드로 적어보자. 지금 "매일을 최후의 날인 것처럼 살자"라는 판에 박힌 말을 할 생각이 없다. 좀 더 오래 산다면 연금보험금을 납입하고, 다음 주에 이발을 하고, 다음 달에 있을 생일 초대장을 발송하는 것과 같은 의미 있고 필요한 많은 일을 더 이상 못할지도 모른다. 그러므로 그런 것은 중요한 문제가 아니다.

운석 시나리오는 우리의 삶에서 정말 중요한 것에 집중하도록 하는 하나의 초대장이다. 물론 있을 수 있는 모든 일이 중요하다. 사람들은 또한 무척 바쁘고 다른 사람들에게 불려 다니며 분주하게 살아간다. 하지만 당신이 이러한 가정을 한다면 중요한 것과 정말 중요한 것을 좀 더 철저히 분류하게 된다. 그러니까 당신은,

1. 상이한 역할의 토대가 되는 욕구를 기록했고,
2. 2033년의 비전에서 생겨난 욕구를 보충했다.
3. 이제 당신의 욕구 목록을 좀 더 다듬을 필요가 있다.

사람들과 만나 어울리려고 할 때 친밀감이나 소속감이 당신에게 얼마나 중요한가? 당신이 최후의 날에 무언가를 바로잡고 대화하려고 할 때 성실이나 평화가 얼마나 중요한가? 당신이 남의 시선을 신경쓰지 않고 과감한 행동이나 금지된 일을 하려고 할 때 창의성이나 기쁨이 얼마나 중요한가? 당신이 언급한 모든 항목을 토대로 하는 욕구를 점검하라.

우리가 이러한 욕구와 소망을 둘러싼 서커스를 개최하는 이유는 사람들이 그것에 접근하는 길을 상당 부분 잃어버렸기 때문

이다. 사실 소망이란 인간의 구체적인 욕구의 형태다.

어쩌면 당신은 다음의 사실을 기억할지 모른다. 즉 우리 조부모의 세대에는, 심지어 우리 부모 세대에도 다음의 이야기가 통용되었다. "휘파람을 부는 처녀나 시끄럽게 울어대는 닭은 모가지를 비틀어야 해." '휘파람 불다'는 '무엇을 하고자 하는 적극적인 마음이나 욕망'을 말할 수 있다. '처녀'는 자신의 소망으로 누군가를 성가시게 하는 것으로 표현했고, 특히 여자들의 욕구 중 많은 것이 애당초 억눌려졌다.

우리는 이제 몇십 년에 걸쳐 사라진 이 모든 것을 우리 안에서, 우리를 위해 새로 발견할 수 있다. 이는 그야말로 기회다!

운석과 충돌하기 7일 전, 우리의 의뢰인 크리스티네와 알렉스는 어떻게 할까?

운석이 지구에 부딪히기 전에 크리스티네는 딸 레나와 대화를 나눈다. 그녀는 직접 만나서 또는 전화로 모든 친구, 친지, 동료와 작별을 고한다. 그런 다음 그녀는 최후의 날에 함께 삶의 의미에 대해 곰곰 생각하기 위해 남편과 두 아이와 함께 바다로 여행을 떠난다.

크리스티네가 상상하는 것으로부터 무엇보다도 다음의 욕구가 도출될 수 있다. 성실, 평화, 친밀감, 의식, 휴식, 정신, 지원.

알렉스는 포르셰 자동차를 한 대 사서 3일간 독일을 두루 돌아다니며 마음에 드는 모든 사람과 장소를 찾아다닌다. 그는 애완동물 센터에서 큰 개 두 마리를 데리고 아내, 부모와 함께 '문을 열어놓은' 자기 집으로 되돌아간다. 그는 자신이 사랑하는 사람들과 함께 최후의 날들을 '축하'하기 위해 가까이 지내는 사람들을 모두 초대한다.

알렉스가 상상하는 것은 무엇보다도 다음의 욕구가 도출될 수 있다. 재미, 명랑, 친밀감, 보호 받음, 집, 축제, 소속감.

어떻게 충족할 것인가?

이제 모든 영역에서 당신의 욕구를 철저히 살펴본 후에 또 한 걸음 더 나아간다. 우리는 욕구 그 자체가 완전히 상이한 방식으로 충족될 수 있고, 구체적 입장, 상상, 소망, 해결책과는 전혀 무관하게 충족될 수 있음을 이미 암시했다. 그다음으로 상호간의 욕구 보상이라는 핵심적인 해결 방식을 제시했다.

갈등을 겪을 때 일반적으로 사람들은 구체적인 입장으로, 그리고 그 입장을 토대로 한 아주 구체적인 해결책으로 진행하는 경향이 있다. 이러한 해결책만이 욕구를 충족시키는 유일한 가능성이라고 생각하기 때문이다. 이때 우리는 자신의 상태를 신중하게 살피지 못한다. 욕구란 자세히 관찰해보면 다양한 제안에 반응할 수 있는 그리 특수하지 않은 경향이 있다.

사람들이 욕구를 마음껏 즐기려는 것과 무관하게 순수한 형태로 냉정하게 관찰할 때에 비로소 해결의 여지가 생긴다. 이리하여 다양한 삶의 영역을 통일할 수 있다. 이는 구체적으로 다음을 의미한다.

욕구 충족

식욕

1. 아침식사

2. 스시 체험

3. 초콜릿

4. 칩스

5. 아이스크림

6. 파리의 일곱 가지 코스 메뉴

7. 기타 등등

표에서 보는 것처럼 우리의 식욕은 무수한 구체적인 가능성을 통해 실현될 수 있다. 결국 우리는 언제나 배부르게 된다. 다음의 테스트를 해보고, 당신의 창의적 욕구를 위해 적어도 다섯 개의 구체적인 충족 방법을 찾아보자.

창의성	1.

	2.

	3.

	4.

	5.

	6.

	7.

우리에게는 자신을 위한 다음과 같은 가능성이 저절로 생각난다. 진료실 인테리어를 바꾸고, 새 책을 쓰고, 서로의 머리를 잘라주고, 다음 쾰른 카니발을 위한 의상을 구상하고, 홈페이지를 현실화하는 것 등등.

당신은 욕구 충족에는 한계가 없음을 알게 된다. 그런 사실이 지금 우리가 다양한 삶의 영역을 좀 더 자세히 관찰하도록 확실한 동기 부여를 해준다. 우리는 어떤 영역에서, 어떤 역할을 할 때 어떤 욕구가 어떻게 실현될 수 있는지 시험해보려고 한다. 그리고 무엇보다도 영역의 충족이 자동적으로 다른 영역과 부분 정체성에 어떤 영향을 미치는지 시험해본다.

30대 중반의 친절한 여성이 인정을 받으려는 강한 욕구가 있다면, 그녀가 한 가정의 어머니라면, 그녀가 중견기업에서 반일 근무를 한다면 어떨까. 그런 경우 그녀는 어머니로서뿐만 아니라 직원으로서도 각기 100퍼센트 이상을 해내야 한다고 생각한다. 적어도 그녀는 외부로부터 그런 압력을 받는다.

여기에 커다란 오류가 있다! 그녀의 욕구 그 자체가 충족되는 것으로 충분하다는 것. 그녀의 욕구는 어머니, 직원 또는 그 밖의 역할과 무관하게 존재한다. 여기에서 다음과 같은 결론을 얻는다.

어떤 욕구는 그때그때의 역할과 무관하게 실현될 수 있다!

그리고 이제 우리 작업의 하이라이트가 상호 간의 보상과 함께 시작된다. 아마도 30대 중반의 그 여성은 인정받으려는 욕구 말고도 친밀감에 대한 또 다른 강한 욕구를 갖고 있을지도 모른다. 그럴 경우 그녀는 아이들, 친지, 친구들로부터 인정받기 위해 어머니 역할에 집중하겠다고 결정할 수 있다. 이와 동시에 친밀감에 대한 그녀의 욕구가 수면 위로 올라온다. 그녀의 욕구는 그것으로 충족 상태가 된다.

그녀가 집에서 인정과 친밀감을 통해 경험하는 좋은 감정, 기쁨과 만족감이 그녀 내부에 있다. 그녀는 자신이 언제 어디에 있든 상관없이 자신의 욕구를 역할과 무관하게 그때그때의 맥락 속에 옮길 수 있다.

그녀가 자신의 가족을 통해 긍정적으로 체험하는 것이 감정에 따라 그녀의 직업 속으로 흘러 들어갈 수 있다. 그럴 경우 그녀가 직업에서 반일 근무를 하기 때문에 근무시간의 50퍼센트만 참여하기로 되어 있으므로, 자신이 가진 에너지의 50퍼센트만 발휘해서 일을 해내는 것만으로도 족하다. 그때 더 많이 일할 필요가 없다. 그녀의 욕구는 영역과 역할에 관여함으로써 보상된다. 욕구는 일회적이고도 원칙적으로 존재한다. 10개의 영역이나 10개의 역할에서 단번에 그리고 매번 욕구를 100퍼센트 넘게 실현하는 것은 전혀 필요치 않다.

우리는 매일같이 많은 의뢰인을 만나고, 그들의 개별적인 상황 안에서 코칭한다. 코칭이 끝날 때면 모두 자신의 해결책을 발견하고, 만족해하며 행복하게 살아간다. 그것은 이런 결과로 나타날지도 모른다.

• 가정에서 친밀감, 보호 받음, 가치평가를 실현하기 위해 직업에 최소한의 시간을 투입하기로 결정하는 세 자녀의 젊은 아버지.

• 창의성이나 즐거움의 욕구를 실현하기 위해 외국의 매력적인

일자리를 받아들여, 가족과 멀리 떨어져 살기로 결정하는 30
대 후반의 여성.

• 때때로 인터넷에서 알게 된 사람들을 식사에 초대하는 식으로
즐거움을 얻고, 최대한의 인정과 안정을 실현하기 위해 일주
일에 80시간을 일하기로 결정한, 홀로 자녀를 키우는 소프트
웨어 회사의 대표.

이런 모든 사례를 보며 우리는 어쩌면 이렇게 생각할지도 모
른다. "어떻게 그럴 수 있을까?" "어째서 그렇게밖에 살 수 없을
까?" "그렇게 직업에 뛰어드는 것이 과연 건강한가?"

하지만 실상을 당신의 우려와 다르다. 이런 사람들은 더할 나
위 없이 행복하다. 그들은 그때그때 그리고 무엇보다도 자유롭
게 선택한 생활에 조금도 시달리지 않는다. 오히려 그 반대다!
이런 사람들이 행복한 이유는 그들은 자신의 욕구가 100퍼센트
실현되도록 삶의 계획을 스스로 구상하기 때문이다.

사람들은 자신의 입장에서 이런 사람들이 행복할 수 없을 거
라고 단정하고 결론 내릴 때가 종종 있다. 이미 앞에서 상세히
거론한 바 있는 집단 정체성과 투사 현상을 생각해보라. 앞에서
기술한 사람들이 구체적으로 행하는 대로 그들의 삶을 만들어가
는 것은 애당초 타인과 아무런 관계가 없다. 단지 다른 사람들이

잘 살아간다고 해서 우리가 우리의 삶을 다른 사람들과 똑같이 살아야 한다는 반대 투사도 결론으로 적합하지 않다.

하찮은 미물에게도 그 나름대로 즐거움이 있는 법이다. 우리는 당신 스스로 당신의 조그만 즐거움을 발견하도록 안내하려고 한다.

모든 결말에는 하나의 시작이 있다

심리학에서 인간은 내부로부터 동기 부여된 욕구와 외부로부터 동기 부여된 욕구를 구별한다. 삶의 모든 것이 늘 그렇듯이 여기에도 흑백만 존재하는 것은 아니다. 다시 말해서 내부 원인적인 욕구와 외부 원인적인 욕구 사이의 경계가 불분명하다. 한편으로 (아직) 내부에 있는 욕구와 다른 한편으로 별로 드러내고 싶지 않은 또는 심지어 벗어났으면 하는 욕구가 목록에 포함될 수도 있다.

우리가 만났던 의뢰인 중에 부모의 성과 요구에 상당히 시달렸던 사람이 있었다. 그는 시일이 흐름에 따라 인정받으려는 욕구가 점점 더 강해졌다. 그는 직업에서 거의 초인적인 성과를 냄으로써 그 욕구를 실현하려고 했다.

다른 여성 의뢰인은 다섯 살에 양부모의 집에 들어가게 되었다. 거기서 그녀는 제대로 융화하지 못했고, 진정으로 받아들여진 느낌을 받지 못했다. 그녀는 엄청난 친밀감 욕구에 시달렸고, 수많은 남자와 관계를 맺음으로써 그것을 충족하려고 했다.

어떤 남자는 7살 때 큰 사고를 당해 일 년간 거의 온몸에 깁스를 하고 가족과 떨어져 홀로 병원에서 지내야 했다. 그는 움직이고 싶다는 지나친 욕구에 시달렸고 성인이 된 후 관절이 닳을 정도로 익스트림 스포츠에 집착했다.

당신도 이와 유사한 경우가 있다면, '이것이 내게 더 이상 이롭지 않다' '나는 그것을 전혀 원하지 않는다' '사실 저 일은 마음에서 우러나서 한 것이 아니다'라는 것을 깨닫고 작별을 고할 시간이다. 당신은 다음의 두 가지 방식으로 작별을 할 수 있다.

작별하기

1. 감정과 욕구를 매우 진지하게 받아들이자. 그것은 당신의 중요한 일부분이었다. 그것은 존재할 자격이 있고, 오랜 세월에 걸쳐 당신에게 안정을 주었다. 이러한 감정과 욕구가 당신에게 선사하는 이점을 평가하라. 감사하게 생각하자.

2. 놓아주길 바란다. 이러한 놓아주기를 수월히 하기 위해 당신은 예컨대 다음과 같은 질문을 자신에게 할 수 있다.

- _____ (여기에 당신이 작별하려고 하는 욕구를 적어보자)

  이보다 작은 역할로 축소되려면 무엇을 해야 할까?

- 어떤 조건 하에서 나는 _____ 이 없이도 살 수 있는가?

- 나는 _____ 을 위해 어떤 대안을 발견할 수 있는가?

- 다른 사람이라면(교황, 팝스타, 가까이 지내는 인물, 화성인과

  같은 상이한 권위자를 넣고 여러 가지로 곰곰 생각해볼 수 있다)

  _____ 로부터 어떻게 벗어날까?

- _____ 가 내게 중요한 위치를 잃었다는 사실을 무엇으

  로 알아챌 수 있을까?

앞에서 언급한 경우 예컨대 부모나 남매와 대화를 나누거나, 정신적 외상을 주제로 친구나 배우자와 솔직하게 대화를 나눔으로써 작별할 수 있었다. 혹시 감정의 대상인 사람과 연락이 끊어졌거나 이미 사망해서 직접적인 대화가 불가능하다면 적절한 인물에게 편지를 보내는 것도 유익할 수 있다.

화해

예를 들어 스트레스, 나쁜 감정, 분노나 비판이 존재하는 상황을 상상해보자. 당신이 어릴 때나 젊었을 때, 또는 바로 얼마 전에 다른 사람들이 당신에게 기대한 것과 다른 어떤 일을 혹시 당신이 했거나 방

치했기 때문에 그런 상황이 되었을지도 모른다. 아마 당신이 한 일이 상대방의 한계를 넘었기 때문에 그 사람은 친절하고 조심성 있게 행동할 수 없었다. 이러한 모습을 상세히 묘사해보자.

그런 다음 그때 그 장면 속으로 들어가 그 상대방의 팔을 사랑스럽게 잡고 쓰다듬으며 다음과 같이 사랑스러운 말을 건네보자.

- "나는 너를 완전히 이해해."
- "난 네 곁에 있어."
- "넌 훌륭해."

이어서 누가 어떤 역할을 수행하고, 당신에게 영향을 끼쳤든지 간에 부모, 남매, 배우자, 친구, 상사, 동료와 같은 이 장면에 등장하는 '다른 인물들'도 용서해보자.

과거의 한 장면을 회상하는 경우 대략 좋은 감정이 생길 때까지 이런 훈련을 며칠 동안 자주 반복하는 것이 중요하다.

이런 훈련은 자기애의 방향에서 중요한 발걸음이다. 당신은 이러한 체험을 받아들이면서 과거를 극복할 수 있다. 자신이나 주변 사람들과 화해하자.

그런 다음 당신은 자신이 벗어나려고 했고, 괴롭힘을 당했던 일에 최종적으로 작별을 고할 수 있다. 꿈을 통한 치료법에서 유래한 아주 효과적이고 편안한 기법이 당신을 도와줄 것이다.

의도적인 추방

먼저 이 짧은 글을 읽은 다음 두 눈을 감고 마음속으로 한 걸음 한 걸음씩 내딛게 되길 바란다.

1. 작별하고 싶어 하는 감정이나 욕구를 말해보자.

2. 그런 다음 이런 감정이나 욕구가 떠오른 상황을 상상해보자. 그 상황이 녹화된 필름을 되감고, 이 필름을 마음속으로 불태운다.

3. 이 영상이 들어 있는 USB가 있다고 생각하고, 로켓에 실어 달나라에 보낸다. 그 로켓이 날아가는 것을 보면서, 안에 든 내용물과 함께 그것이 점점 더 작아져서 완전히 시야에서 사라질 때까지 계속 지켜보자. 카운트다운이 시작된다.

이때 당신이 좋은 감정으로 작별하고, 수년 동안 이런저런 감정을 느꼈거나 이런저런 일을 한 것을 단죄하지 않는 것이 가장 중요하다. 또 과거에 있었던 일이 지금까지 당신의 삶에 중요하고 옳은 것이었음을 받아들이는 것이 가장 중요하다.

이별하고 새로운 지평을 여는 것은 무척 정당하다. 이제 당신에게는 다른 새로운 일이 중요하다. 새 순간을 맞이하자.

이제 당신 차례다

새로운 생활 설계의 구체적인 단계로 가기 전에 이제 마지막 두 걸음을 내디디겠다.

당신의 가장 중요한 5가지 욕구

스텝 1. 최종적인 욕구 카탈로그를 작성해보자.

우리 모델의 세 번째 단계. 욕구 목록을 집어 들고, 앞 장에서 스스로 작성하며 마음을 확인할 수 있었던 모든 욕구를 수집해보자. 다음으로는 모든 욕구를 중요성에 따라 평가하면서 서열을 정하자. 이 서열을 확정하는 사람은 당신 자신이다. 스스로 느끼고, 당신에게 직접 물어보자. 그걸 넘어서서 당신이 상이한 역할을 하는 경우 어떤 욕구가 빈번하게 나타나는지 횟수를 세면서 확인해볼 수 있다. 그것은 이런 욕구가 당신에게 특히 중요하다는 표시일 수 있다. 그에 이어서 해결책을 발견하기 위해 우리는 당신의 가장 중요한 다섯 가지 욕구를 이용하려고 한다.

알렉스의 경우는 다음과 같다.

1. 인정 / 가치평가

2. 성실 / 진정성

3. 신뢰

4. 지원

5. 친밀감 / 보호 받음

크리스티네는 다음과 같은 것을 중시한다.

1. 친밀감 / 보호 받음

2. 인정 / 가치평가

3. 정신성

4. 경쾌함 / 기쁨

5. 평화 / 조화

스텝 2. 생활 영역 혹은 역할 중 어떤 것이 특히 당신에게 소중한지 곰곰 생각해보자.

그것은 지금까지의 상황뿐만 아니라 미래에 바라는 것과도 관계된다. 구체적인 형태와 완전히 상관이 없거나, 즉흥적이고 감정에 따른 강박으로부터 순수하게, 당신은 앞으로 어떤 영역이나 역할에 더 많은 에너지와 더 많은 정열을 쏟고 싶은가? 당신이 지금 모든 것을 시작 지점으로 되돌릴 수 있다면 어디서 가장 기꺼이 시작하고 싶은가? 당신은 어떤 역할을 강화하고 싶은가? 어떤 역할에 되돌아가고 싶은가? 여기서도 당신의 모든 영역과 역할을 중요도에 따라 평가하면서 서열을 정해보자. 예컨대 크리스티네는 자신의 가족이 특히 소중하다고 밝힌다. 반면에 알렉스는 자신의 직업 활동을 매우 높게 평가한다.

자기분석의 결과 다음과 같은 사실이 드러난다. 인간은 지금까지 알려진 것 이상으로 훨씬 다층적인 존재다. 각 개인은 십여 개의 역할을 동시에 해내고 있다. 끝에 가서 조화로운 역할 규범 속으로 옮기기 위해 이러한 역할을 부각시키고 그 진가를 인정하는 것이 필요하다.

이러한 욕구의 심층 영역에서는 사람들 개개인의 다양한 역할이 실은 그렇게 상이하지 않다는 사실이 드러난다. 그 때문에 생활 영역을 단순히 바꾸는 것만으로 문제 해결을 위한 해결책이 될 수 없다.

하지만 우리는 지속적으로 당신을 철저히 만족시킬 수 있는 심리적인 트릭을 알고 있다. 이제 필요한 것은 구체적이고 일상에 유용한 실행 전략뿐이다.

11장.
내 삶을 사랑하는 방법

스스로 삶을 디자인하라

이제 당신은 크고 흰 종이 한 장을 손에 쥘 순간이 왔다. 이 커다란 종이가 당신의 삶이다. 아직은 완전히 백지상태다. 당신은 당신의 삶 디자이너로서 관리하고 마음대로 설계할 수 있다.

'미래의 나의 삶은 어떻게 될까?'라는 주제로 브레인스토밍을 시작한다. 이럴 경우 다음의 세 가지를 유의해야 한다.

1. 무슨 아이디어든 다 괜찮다.

   즉흥적이고 창의적이며 거리낌이 없는 마음으로 생각해보자. 평가는(좋든 나쁘든, 옳든 그르든, 현실화할 수 있든 등등) 반드시 나중에 하는 것이 좋다.

2. 되도록 구체적인 입장을 취하라.

예컨대 당신이 '즐겁다'라고 기록하기보다는 '일주일에 한 번 스카이다이빙을 한다'고 하면 더욱 유용할 것이다.

3. 크게 생각하라.

당신의 행복을 위해 '장관'이나 '우주 비행사'가 되겠다는 아이디어라면 그것을 종이에 적어보자.

테니스공을 내뿜는 기계를 생각하면서 아이디어를 하나하나 떠올려보자.

브레인스토밍 1

얼마 후 당신의 뇌를 다 써서 비웠고, 모든 것을 적었다면 잠깐 멈추도록 하자. 그에 이어서 무조건 제2라운드로 가서 적어도 세 개의 아이디어를 더 짜내도록(우리는 원래 강박을 다 제거했다) 하자. 혁신적인 연구 결과 최상의 생각은 막다른 지경에 도달한 이후에 생긴다는 것이 밝혀졌다.

알렉스와 크리스티네는 브레인스토밍에서 어떤 아이디어를 얻게 되었을까? 알렉스의 제1라운드는 다음과 같다.

알렉스의 제1라운드

- 부모님 집으로 이사 가기
- 사표 쓰기
- 리자와 끝내기
- 개를 사서 키우기
- 아이를 낳기

- 가사를 돌보는 사람이 되기
- 운동을 더 하기
- 독립적으로 되기
- 술을 끊기

알렉스는 '사표 쓰기'나 '리자와 끝내기'라는 항목을 적을 때는 흠칫 놀랐다. 이 순간 그는 보통의 경우에는 결코 허용하지 않았을 자신의 생각에 대해 깜짝 놀랐다. 여기에서 "사표 쓰는 것은 위험하다!"라거나 "어떤 결정을 내리고 나면 영원히 되돌리지 못한다!"라고 말하는 다양한 강박이 다시 영향을 끼친다. 종이 위에서는 모든 것이 허용된다고 분명히 설명해주는 것이 중요하다. 가치평가는 나중에 가서 하면 된다. 기록된다고 해서 그것이 강제로 실행되는 것은 아니다.

크리스티네의 제1라운드

- 레나가 집을 나가는 것
- 마티아스의 진료실을 매각하기
- 진료실에서 협력하기
- 인력 관리 일을 그만두기

- 바다로 여행 가기
- 집을 매각하기
- 카린 집에서 살기
- 레나와 대화하기

크리스티네는 브레인스토밍에서 오히려 머뭇거리고, 오랫동안 이것저것을 숙고하며, 아이디어의 장단점을 이리저리 따져보았다. 우리는 마음을 풀고 그냥 말해보라고 했다.

이것으로 당신은 이제 어찌해야 할지 어느 정도 알게 되었다. 당신은 다음 라운드에 들어간다. 마침내 당신에게 당신의 삶이 중요한 문제가 된다.

브레인스토밍 2

이제 '미래는 어떻게 될까?' 혹은 '캥거루'와 같은 키워드를 바탕으로 완전히 자유롭게 연상해보자. 즉흥적으로 떠오르는 생각은 무엇인가? 당신의 삶과 캥거루가 서로 무슨 관계가 있을 수 있을까? 당신의 목록을 계속 작성해보자.

알렉스는 호주로 이주해서 벼락출세하고, 가정에 충실한 남자가 되어 주머니 속에 미래의 자녀를 넣고 다니고, 복싱으로 긴장을 풀고, 자신의 사장을 두들겨 패는 상상을 한다.

크리스티네는 자신의 목록에 스카이다이빙을 감행하고, 큰 걸음을 내딛고, 그녀의 여자친구와 좀 더 자주 동물원에 가겠다고 추가한다.

이러한 키워드 기법으로 우리는 새로운 공간을 열고, 새롭게 거꾸로 사고하도록 우리의 뇌를 자극한다. 당신은 예컨대 꽃이나 열기구처럼 질문과 직접적으로 연결되지 않는 한, 캥거루 대신에 긍정적인 의미의 다른 단어를 선택할 수도 있다.

브레인스토밍 3

"나의 삶은 앞으로 어떻게 될까?"라는 당신의 주제를 다루면서 "화성인은 내게 무슨 충고를 할까?"라는 질문에 답해보자. 당신의 목록을 계속 작성해보자.

이러한 관점 변화는 사람을 창의적으로 만든다. 당신은 개미의 관점, 팝스타의 관점 또는 어느 누구의 관점이라도 받아들일 수 있게 된다. '화성인'은 알렉스에게 그의 사장을 광선총으로 쏘아 없애버리고, 리자를 세뇌시키고, 우주선을 타고 좀 더 자주 부모님을 찾아가라고 충고한다.

크리스티네는 딸 레나를 가사 보조인으로 낯선 별에 보내고, 그냥 화성으로 도망치고, 병원에 무중력 상태를 도입하고 싶은 충동을 느낀다.

이제 당신은 기록한 것을 당신의 욕구와 연결시킨다. 당신의 가장 중요한 다섯 가지 욕구 카탈로그를 손에 쥐어보자. 우리가 앞에서 욕구 충족을 구체적으로 보여주었던 것과 유사하게, 당신은 아주 일반적으로 적절한 욕구를 위해 각기 다섯 가지 원칙적인 충족 가능성을 완성할 수 있다.

예컨대 크리스티네는 인정받겠다는 욕구를 비교적 높게 평가하고 있다. 그녀는 다음과 같은 것의 실현 가능성을 아주 원칙적이고 우선적이라고 본다.

인정	• 여사장의 칭찬
	• 남편으로부터
	• 아이들과의 좋은 관계를 통한
	• 명예직
	• 요헨의 학교 활동에 참여하기

그런 다음 당신의 다섯 가지 가장 중요한 욕구들 중 각각을 위해 완성한 해결책을 지금까지의 여러 제안이 담긴 큰 종이에 옮겨 적어보자. 이제 당신의 아이디어를 모은 후 당신의 가능성을 평가하겠다.

최상의 해결책을 찾는 방법

여기까지 참을성을 가지고 따라 와준 것에 감사하다. 이제 당신은 지금까지 완성한 것이 당신에게 어느 정도 적절하게 맞는지 살펴볼 순간이다. 그러면 당신에게 가장 중요한 다섯 가지 욕구 카탈로그를 준비해보자.

알렉스의 경우는 다음과 같다.

1. 인정/가치평가
2. 성실/진정성
3. 신뢰
4. 지원

5. 친밀감 / 보호 받음

크리스티네의 경우는 이렇다.

1. 친밀감 / 보호 받음
2. 인정 / 가치평가
3. 정신성
4. 경쾌함 / 기쁨
5. 평화 / 조화

크리스티네는 원칙적으로 직업에 참여하기로 한다. 친밀감과 인정은 그녀에게 많은 것을 의미한다. 물론 그녀는 오히려 가족에게서 이런 관점을 느끼면서 살아가고 싶어 한다.

알렉스에게는 인정과 가치평가가 전적으로 그의 주제임이 분명해진다. 그는 인생의 일정 기간을 출세에 투자하겠다는 아이디어에 원칙적으로 집착한다. 그는 거기서 충족된 욕구와 그 결과로 생긴 긍정적인 감정을 그의 사생활에 옮기고 싶어 한다.

더구나 당신은 그사이에 어떤 삶의 영역 내지는 어떤 역할이 당신에게 특히 중요한지 시험했다. 이제 당신이 생각하고 제시한 자신의 해결 아이디어를 평가할 차례다. 그러기 위해 몇 걸음 더 앞으로 나아가보자.

1. 플러스: 원칙적으로 새로운 삶에 첨가하고 싶은 해결책 뒤에 따옴표를 해보자.
2. 마이너스: 당신에게 알맞지 않은 해결책을 삭제하라. 그렇지만 너무 섣불리 행동하지 말자. 왜냐하면 아주 중요하고, 성공을 약속하는 세 번째의 가능성이 있기 때문이다.
3. 계속 발전: 당신이 생각하기에 해결책이 너무 비현실적이고, 비용이 너무 많이 들고, 너무 무모하다고 생각되어 어떻게 실행에 옮겨야 할지 알지 못하지만, 그럼에도 불구하고 당신 마음에 드는 해결책 뒤에는 물음표를 써놓자.

우리는 물음표로 표시된 이 해결책을 계속 발전시키려고 한다. 이를 일목요연하게 설명하기 위해 두 가지 예를 들어보겠다.

알렉스는 원칙적으로 자신의 상사인 페터를 두들겨 패겠다는 원래 생각에 깊이 감명받았다. 이런 해결책을 감정상으로 잘 이해하고 있다.

그렇지만 우려되는 결과를 고려하여 그는 신중을 기하기 위해

이 해결책을 카테고리 3으로 가져간다. 그는 이 과정에 영감을 받아 다음과 같이 더 좋게 발전되고 보다 현실적인 해결책을 얻게 된다.

a. 상관과의 대화
b. 필요한 경우 그 상관의 상사가 참석한 자리에서
c. 그래도 아무런 결실을 거두지 못하는 경우, 혹은 부득이한 경우 페터를 골탕 먹일 수 있는 음모를 꾸민다.

리자를 세뇌시키려는 생각도 그를 무척 즐겁게 한다. 하지만 그로서는 자기 의견을 가진 자율적인 아내를 원하므로, 이 해결 방안도 카테고리 3에 넣어 더 좋게 발전시킨다.

b. 부부 치료를 받는다.
c. 함께 휴가를 간다.
d. (되도록 눈에 띄지 않게) 리자와 제일 친한 여자친구와 의견을 물어, 리자에 대해 몇 가지를 알아낸다.

우리가 '그건 도저히 안 되겠어' '너무 비싸' '금지된 거야' 또는 '위험해'라고 생각하기 때문에, 보기에는 상식의 틀에서 벗어나는 많은 해결책이 있다. 하지만 두 번째 발전된 방안에서는 변화된 모습들이 드러난다. 무엇보다도 효과적인, 목적 지향적인 해결 방안들이다. 크리스티네가 자신을 위해 어떤 해결책을 마련했는지 함께 살펴보기로 하자.

가족은 내년 안으로 녹지대에 있는 집을 판다. 그녀는 남편 마티아스, 아들 요헨과 함께 작고 관리하기 쉬운 임대주택으로 이사한다. 딸 레나는 부모의 도움을 받아 독립할 아파트를 구한다. 그전에 크리스티네와 레나는 함께 보낸 삶의 한 시기를 두고두고 추억하고자 충분히 대화를 나눈다. 크리스티네와 남편은 집을 매각한 자금으로 10년 내로 발트해의 호젓한 곳에 있는 부동산에 투자한다. 그들은 그곳을 적절한 새 고향으로 삼기 위해 다음 몇 년 동안 되도록 그곳에서 많은 시간을 보낸다.

마티아스는 50대 중반에 치과 진료실을 팔고 은퇴생활에 들어간다. 그때까지 크리스티네도 마찬가지로 일한다. 그녀는 인력 관리인 교육 비용으로 2,800유로를 병원에 보상하고, 이 일에서 벗어난다. 그녀는 50퍼센트의 근무를 하면서 다시 완전히 간호 업무로 돌아간다. 이리하여 그녀는 관리 업무를 한 대가로 받은 동료들의 무시와 저항을 피할 수 있게 된다. 동시에 그녀는 환자와 직접 접촉함으로써 다시 더 많은 친밀감과 인정을 체험한다.

가정에서도 더 많은 인정과 가치평가를 체험하기 위해 그녀는 남편에게 가사에 드는 비용을 분명히 보여준다. 그녀는 부득이한 경우 둘이 번 수입으로 가사 도우미를 한 명 쓰겠다고 남편에게 제안한다. 그런 다음 크리스티네는 요헨의 자주성을 길러주기 위해 아들의 학교 일을 돌보는 데 더욱 신경을 쓴다. 그에 대한 반대급부로 그녀는 아들에게 일상적인 일에 더 많이 도와달라고 부탁한다.

크리스티네는 최근에 우정을 소홀히 했다며 자신의 친한 여자 친구 카린에게 용서를 구한다. 그녀는 코칭 결과의 배경에 대한 전체 상황을 친구에게 설명한다. 그녀는 운동을 위해 매주 하루 저녁 시간을 비워둔다. 친구와 둘이 같이 식사하고 차나 술 한잔을 마실 수 있는 시간도 비워둔다. 게다가 적어도 한 달에 한 번 토요일에 카린을 만나 함께 소풍을 가거나 가까운 곳으로 여행을 다닌기로 한다.

알렉스는 다음과 같은 생활을 설계한다. 원칙적으로 그는 향후 2, 3년 동안 자신의 이력을 대폭 발전시키겠다던 원래 계획을 고수한다. 그러기 위해 그는 먼저 페터와 허심탄회한 대화를 나눈다. 필요하다면 페터의 상관이 있는 자리에서 대화를 나누어도 무방하다. 이러한 전략이 결실을 거두지 못할 경우를 위한 플랜 B도 생각해두었다. 일을 위해 체력을 비축하고 인정과 가치평가를 얻기 위해 알렉스는 주말에만 술을 마신다. 그는 일주일에 두 번 출근하기 전에 조깅을 하고 토요일 오전에는 일부러 멀리 있는 헬스클럽에 간다. 그는 리자와 그들의 관계나 미래 계획에 대해 솔직하고 진실한 대화를 나눈다. 그는 기업 컨설턴트 직을 그만둔 후에 기업체에 들어가 기꺼이 아버지가 되겠다고 약속한다.

그는 아버지로서 재정적인 안정과 복지를 제공하고 싶으므로 2, 3년쯤 참아달라고 부탁한다. 나아가 알렉스와 리자는 그들이 아직 얼마나 친밀한지, 그들이 얼마나 함께 제대로 해나가는지 시험하기 위해 함께 4주간 프랑스에서 휴가를 보낸다. 휴가 마지막 주에 그들은 가족 관계를 돈독히 하기 위해 알렉스의 부모님을 초청한다. 알렉스는 한 달에 두 번 정기적으로 함부르크에 있는 부모님을 찾아가기로 자신의 계획을 조정한다.

알렉스와 리자는 개를 키우기 전에 미리 경험해보는 의미에서 알렉스가 호텔에 있을 때 주중 저녁에 리자의 친구 역할을 해줄 수 있는 수 있는 고양이 한 마리를 동물병원에서 입양한다. 알렉스와 리자는 매달 한 번씩 주말에 두 사람이 공통적으로 아는 친구들을 다시 만나고, 그 외 주말에는 반드시 둘만의 시간을 보낸다. 알렉스는 리자와의 관계를 계속하려 하지만, 자신의 해결책이 뜻대로 되지 않으면 부득이한 경우 헤어질 준비를 한다. 그는 자신의 소원인 포르쉐를 사기 위해 저축을 시작한다.

취향을 따르는 삶

앞에서 당신의 현재 모습을 만들어 보았다. 이젠 과거를 결국 과거로 놓아둘 시간이 왔다. 지금은 당신이 어떤 모습을 목표하는지가 중요하다. 카드, 연필 등을 새로 준비해보자. 다시 책상에 가거나 바닥에 앉아 당신이 아무런 방해를 받지 않고 일을 할 수 있도록 해보자.

새로운 해결책으로 당신의 현재 모습을 조정해보자. 지금까지 그랬던 그대로 머무를 수 있거나 머물러야 하는 영역과 상황을 넘겨받자. 이어서 앞의 작업을 통해 발견한 새로운 종류의 온갖 해결 방안을 고려하며 보충하자. 특히 이때 다음 사실을 기억하길 바란다.

- 사장, 동료, 고객과 같은 직업이나 회사와 관련된 인물들
- 이성 관계, 결혼, 애정 문제
- 가족 또는 시가나 처가, 친정 식구
- 필요한 경우 자녀들
- 취미, 열정, 여가 시간에 하는 일, 그에 관련되는 인물들
- 그 밖에 단체나 명예직과 같은 일시적으로 몸담았던 역할

배열이 생활 영역과 인물 사이의 관계에 상응하도록 카드를 새로 놓아보자. 모든 것에 제법 적절하게 이름 짓고, 상황이 어울리는지 되도록 구체적으로 설명해보자.

다음 페이지에서 크리스티네와 알렉스가 자신을 위해 어떤 모습을 발전시켰는지 살펴보자. 지금 당신은 본질적으로 당신의 새로운 삶으로부터 두 걸음밖에 떨어져 있지 않다.
첫째로 다음 사실이 전적으로 중요하다.

- 당신의 해결책이 얼마나 잘 작동하는지 시험해보자. 그러는 데에는 현재의 욕구 카탈로그가 도움이 된다. 새로운 삶을 눈앞에 그리고, 또한 욕구가 얼마만큼 실제로 충족되었는지 시험해보자.

- 그에 상응하는 것은 카탈로그에 체크하자.
- 특정한 욕구가 바라는 만큼 충분히 충족되지 않았음을 확인하면 작게 v 표시하자.
- 욕구 충족의 원칙적인 가능성을 곰곰 생각하고, "하찮은 미물에게도 나름대로 즐거움이 있는 법이다"에서 행한 걸음을 되풀이해보자. 245쪽부터 다시 시작해보자.

크리스티네는 예컨대 그녀의 카탈로그에서 자신이 정신적 안정에 대한 욕구를 더욱 강화하고 싶어 한다는 것에 주목한다. 즉 그녀는 수도원 생활이 자신에게 어떤 작용을 하는지 보기 위해 주말 동안 친구 카린과 수도원에 들어갈 생각을 한다.

비록 그 일이 너무나도 세분되었다고 여겨지더라도 비판하지 말고 그냥 조용히 지켜보자. 향후에 당신의 만족스럽고 행복한 삶을 생각하면 이런 건 아주 보잘 것 없다.

크리스티네:

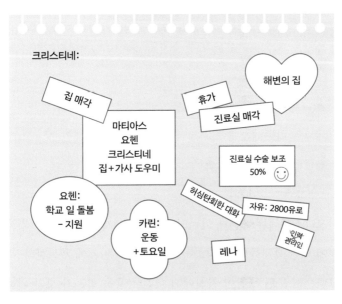

알렉스:

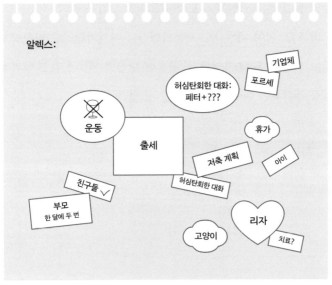

둘째. 당신의 해결책 스마트SMART 모델을 간략하게 표현해 보자.

스마트 모델

특수한 (Spezifisch)	새로운 삶의 장면이 영화화된다면 어떤 장면들로 구성될까?
측정 가능한 (Messbar)	어떤 기준으로 목표 달성을 측정할 수 있을까?
매력적인 (Attraktiv)	그것이 어떻게 부정적이지 않고 긍정적으로 표현될 수 있을까?
현실적인 (Realistisch)	행동 가능성의 범위에서 그 목표가 어느 정도 가능할까?
기간이 정해진 (Terminiert)	언제 무엇이 누구에 의해 행해질까?

크리스티네의 새로운 삶에서 스마트한 예를 구체적으로 살펴 보자.

"우리가 자주 가는 이탈리아 식당에서 내일 저녁 7시에 저녁 을 먹기로 오후 3시에 예약한다. 그곳에서 마티아스와 나는 집 을 매각하는 문제를 상의한다. 개별적으로 가격, 중개인 선정, 매각 시기 등에 대해 대화를 나눈다. 우리 두 사람이 할 일을 분 담한다."

알렉스의 새로운 삶에서 스마트 모델의 예를 살펴보겠다.

"매달 둘째 토요일에 내 차를 몰고 함부르크에 있는 부모님을 찾아간다."

당신은 지금 당신의 새로운 전체 삶을 구성하는 모든 부분적 방안이 기입된 스마트 목록을 완성했을 것이다. 지금 당신의 새로운 삶의 '목표 사진'을 찍어보자.

이때 일을 마치기 직전까지도 당신의 잠재의식이 방해할 가능성이 여전히 있다. 우리는 이미 달갑지 않지만, 안정을 암시하는 강박과 갈등 구조에 대해 말했다. 갑자기 당신에게 그것은 어차피 제대로 되지 않는다거나 이와 유사한 의심이 생긴다면 앞에서 말한 최악의 경우를 연구해보자. 그렇게 되는 모습을 당신이 결코 원하지 않는다는 것을 늘 상기해보자.

"○○가 되지 않는다고 말하는 자가 대체 누구인가?"

스스로에게 물어보자. 다시 이 책의 제1부로 돌아가보자. 강박에 의해 지배된 삶이 얼마나 어리석은지 다시 한 번 머릿속에 그려보자. "만약 A 대신 그냥 B를 좀 시험해본다면 무슨 나쁜 일이 일어날 수 있을까?"라고 곰곰 생각해보자. "나의 지금까지의 전략이 얼마나 성공적이었는가?"라고 당신의 과거를 또 한 번 시험해보자. 그런 다음 계속 그대로 밀고 가보자.

저항이 있는 곳에 길이 있다!

새로운 삶은 이미 시작되었다

당신이 성실하다면 새로운 삶은 언제나 이미 존재했다. 그것은 자산으로서 마음속 깊이 자리하고 있었다. 당신이 그것을 자각하고 있지 않았을 뿐.

우리는 전문가로서 단지 구조적인 면에서 당신을 안내했을 뿐이다. 자신이 직접 분석하고 새로 배치해서 조화로운 전체 모습으로 변형시킨 모든 정보, 그것은 마음 깊은 곳에서, 당신의 장기 기억에서, 잠재의식에서 나왔다.

새로운 삶은 단지 당신 안에 숨어 있었을 뿐이다. 이제는 그렇게 은폐된 모든 세세한 일을 당신이 어떻게 자연스럽게 이야기하도록 유도하느냐가 중요한 문제이다. 즉 어떻게 새로운 삶의 국면으로 넘어가는 길을 만들고, 필요한 경우 세분해서 미리 대

비하는지가 중요한 문제다. 이때 다음과 같은 등급 부여 훈련이
도움이 될 것이다.

등급 부여

어떤 수치판 위에서 당신의 지금 상태를 1로, 당신의 목표 상태를
10으로 보자.

지금 = 1 - 2 - 3 - 4 - 5 - 6 - 7 - 8 - 9 - 10 = 목표

스스로에게 물어보자.

* 내가 지금 2에 있다면 1에서 2로 발전하기 위해 무엇을 해야 할까?

* 내가 지금 5에 있다면 6으로 올라가기 위해 무엇을 해야 할까?

당신은 그때그때 상황에 맞춰 질문을 달리할 수 있다. 당신이
자신의 새롭고 복합적인 전체 생활 모습을 작은 단위로 분해해
서 일의 처음부터 끝까지 전도하는 데 트릭의 본질이 있다. 당신
의 소위 역행 분석을 실시할 수 있다.

"내가 1년 내에 10에 도달하게 되면, 반년 내에 5에 있는 게
어떻게 보일까?"

이러한 방법은 창의적인 문제 해결의 심리학에서 유래한다.

최종 목표를 크고 작은 중간 목표로 세분하는 것이 중요하다. 그리하여 항시 전체를 파악하고, 필요한 경우 당신의 경로를 수정할 수 있으며, 스스로에게 동기 부여를 한다. 당신은 중간 목표에 도달하는 것을 규칙적으로 처리할 수 있기 때문이다. 자아실현 경험을 돌이켜 생각해보자. 중간 목표를 정해놓으면 '난 이것과 저것을 지금 달성했어!'라고 스스로에게 말할 수 있다.

이처럼 목표를 달성한 것에 반드시 보답하라고 당신에게 권유한다. 또한 이러한 기법은 습득 심리학에서 유래하는데, 그것을 다른 말로 '조건반사'라고 부른다. 새로운 생활 계획에서 무언가를 실행하고, 제대로 노력해서 대단한 성공을 거두었다면 당신의 결정과 참여를 평가하고, 스스로 조건반사를 일으킬 수 있다. 자신에게 보답하고, 기꺼이 뭔가를 베풀고, 무언가 기분 좋은 일을 하라. 그러면 앞으로 더욱 적극적으로 참여하고, 더욱 동기 부여를 하며 일을 진척시킬 수 있다.

우리는 본보기 의뢰인 크리스티네가 그녀의 딸 레나와 성공적인 대화를 나눈 후 런던으로 모녀 여행을 다녀온 것으로 보상 받은 것을 알고 있다. 그리고 이로써 조건반사가 이루어졌다.

이 경우에도 당신의 상상력에 어떤 한계를 두지 않는 것이 중요하다. 심지어 스스로 더 많은 힘을 자연스럽게 내도록 유도할 수 있다.

12장.
나답게 사는
연습을 시작하다

아직 보지 못하는 무언가를 본다

우리의 공동 작업이 잠정적으로 끝나가는 지금, 매우 효과적인 또 다른 방법에 당신이 익숙해지도록 하려 한다. 시각화가 문제의 관건이다. 우리는 특별한 방식으로 새로운 삶의 구체적인 모습을 가꾼다.

시각화

이를 위해서는 앞에서 언급한 당신의 스마트 해결책을 아주 상세하게, 온갖 색깔을 넣어, 그에 속하는 온갖 냄새와 함께 대단히 구체적으로 그려보자.

당신이 원하고, 지금 계획하고 있는 모든 것이 이미 갖추어진 가상 세계를 상상하자. 당신에게 중요한 모든 것, 당신을 감동

시키는 모든 것이 이미 완전한 형태로 존재하는 곳을 말이다.

창의적으로 행동하고, 넓은 차원에서 생각하고, 당신의 상상력을 마음껏 펼쳐보자. 그 사이 무엇 때문에 자신의 소망에 응하지 못했는지 알게 된다. 지금 당신은 진심으로 온갖 자유를 누리고 있다. 당신의 새롭고 놀라운 삶 속으로 뛰어들길 바란다.

당신 자신의 이러한 삶의 모습을 밤에 잠들기 전과 아침에 일어난 후 하루에 두 번 정형화된 형식으로 그려보자. 잠시 동안 환상에 보이는 풍경 속을 돌아다녀 보자. 주위를 둘러보고, 모든 것을 자세히 관찰하고, 그러는 동안 당신에게 밀려든 좋은 기분을 느껴보자.

우리는 여기서 당신에게 요술을 부리려는 것은 아니다. 새로운 것과 미지의 것에 불안해하지 않고, 단지 잠재의식으로 하여금 변화에 찬성하도록 할 뿐이다. 당신의 잠재의식은 당신의 의식적인 삶에 커다란 영향을 행사하는 아주 민감한 체계다.

심리학에서도 기억 내용의 사전 활성화인 점화하기[8]에 대해서 말하고 있다. 이러한 연관성에서 다음과 같은 광고 실험이 특

8　점화하기priming: 선행 사건이나 자극이 후속 반응에 (어쩌면 무의식 수준에서) 영향을 미치는 현상. 즉, 사전 정보를 이용함으로써 자극의 탐지나 확인 능력이 촉진되는 현상을 말한다.

히 잘 알려져 있다. 예컨대 "폴커 키츠와 마누엘 투쉬의 책을 사세요!"라는 암시가 영화 속에 잠재의식적으로 숨겨져 있다면 실제로 그 책의 판매 부수가 증가한다.

시각화 과정도 이와 유사하게 이해할 수 있다. 즉 사람의 잠재의식 내지는 무의식적으로 장기 기억에 저장된 내용이 활성화된다. 당신이 일상에서 실행 가능성이나 유용하고 목표 지향적인 정보를 접하면 이러한 정보가 좀 더 빨리, 때로는 부분적으로라도 자각하게 된다. 그러면 당신은 손을 뻗어 움켜잡고 그것을 이용할 수 있다.

여유 있게 살아갈 용기

이미 시작된 변화로부터 계속해서 이득을 얻기 위해서는 온갖 하부 체계(가족, 회사, 교우 관계)를 지닌 전체 체계인 삶이 이런 발전을 따르고, 여기에 상응해 계속 발전하는 것이 중요하다. 그렇지 않으면 매우 빨리 퇴보할 수 있다. 그렇게 되면 새로운 갈등이 생기게 된다. 포괄적인 의미에서 즉, 당신 자신과 당신의 동시대 사람이나 주변 세계와 상대할 때 변화를 위해 서두르지 말길 바란다.

"때로는 조금 느린 것이 좀 더 빠른 것이다"라는 말을 알고 있을 것이다. 서두르고 압박을 받으면 예컨대 부주의로 인한 실수를 저지를 수 있다. 특히 서둘러서 일을 해치웠다면 실수로 인하여 결국 더 오랜 시간과 더 많은 시간을 필요로 하게 된다.

우리가 마침내 제거한 온갖 강박에 실행 강박이라는 또 다른 아주 새로운 강박이 첨가되어서는 안 된다. 그러니 신중하게 행동해야 한다. 당신이 옮기는 걸음을 하나하나 점검하라.

당신이 체계 속의 작은 바퀴를 왜곡하면 다른 바퀴들도 자동적으로 함께 왜곡된다. 더 신중하게 행동하고, 한 번의 시행으로 인한 부작용도 기록하라. 이것은 직업과 동료 사이에서뿐만 아니라 이성 관계, 가족도 해당한다.

인간이란 습관의 동물이고 잠재의식 탓에 그리 신속하게 변하지 않기 때문에 당신은 (자신과 함께 살아가는 사람들에 대한) 참을성을 지닐 필요가 있다.

당신은 다른 사람들, 애인도 동료도 변화시킬 수 없고, 자녀들조차 변화시킬 수 없다. 당신은 사장을 마지막으로 언제 변화시켰는가? 언제나 자기 자신에서부터 시작해야 한다. 우리는 그렇게 해왔다.

당신이 당신 자신을 커다란 기계장치의 조그만 바퀴로서 돌린다면 다른 것들은 자동적으로 함께 돌아간다. 주위 사람들은 당신의 활동을 통해 간접적으로 변화된다. 대단히 멋진 일이다!

물론 변화는 나도 당신도 모르게 누군가의 등 뒤에서 아주 은밀히 일어나지 않는다. 많은 경우 알리고 가르치는 일이 필요하다. 이를 위해 우리는 실무 경험에서 충분히 입증된 '자기 보고'

라는 방법을 알려주려고 한다.

이러한 특별한 종류의 자유로운 의사소통법을 우리는 이 책에서 이미 상세히 기술했다. 우리는 이러한 맥락에서 특별한 양상에, 그러니까 여기서 우리의 주제인 욕구에 포커스를 맞춘다. 저명한 갈등 연구자이자 의사소통 연구자인 마셜 B. 로젠버그의 나 전달법[9]은 다음과 같이 네 개의 부분으로 이루어져 있다.

나 전달법

1. 관찰

"내가 _____ 을 보고 / 알아채고 / 확인한다면…"

되도록 구체적으로, 중립적이고 정확하며 측정 가능하게, 평가하지 말고 직설적으로 기술해보자.

2. 감정

"그러면 나는 _____ 라고 느낀다."

---

9   나-전달법I-message은 나를 주어로 사용하여 상대방의 행동에 대한 나의 생각이나 감정을 표현하는 방법이고, 너-전달법You-message은 상대방을 주어로 하여 상대방을 질책하거나 책임을 전가하는 듯한 느낌을 받게 표현하는 대화법을 말한다.

감정이란 당신의 마음속 깊이 자리하고 있는 것으로, 당신이 그것을 위해 책임을 떠맡을 수 있는 어떤 것이다.

3. 욕구

"나는 _____ 에 대한 욕구가 있기 때문에…"
욕구들로 인하여 당신은 지금 자신을 가장 잘 알 수 있다!

4. 소망

"나는 당신에게 부탁하며 _____ 을 시킨다."
당신의 소망을 구체적으로 표현할 수록 상대방은 그것을 좀 더 쉽게 실현할 수 있다. 감추어진 요구가 아니라 진정한 소망이 중요함을 유의해야 한다.

예를 들어 크리스티네는 전에 이렇게 말하는 경향이 있었다.

"제기랄, 마티아스, 당신의 잔소리가 얼마나 짜증 나는지 알아? 언제 뭘 어떻게 해야 하는지 나도 잘 알고 있단 말이야!"

마티아스가 그런 상황에서 어떤 반응을 보였는지 알아맞혀 보자. 곧장 이런 식으로 맞받아 비난을 퍼부었다.

"당신이 그렇게 잘 안다면서 어떻게 소파 밑을 이 지경으로 놓아둘 수 있어?"

두 사람은 점점 더 언성을 높이게 되었다. 크리스티네가 전형적인 너 전달법으로 말하고 있다. 상대방은 그것을 공격과 비난으로 느낀다. 사람들은 공격과 비난에 어떤 반응을 보일까? 맞받아 공격하거나 비난한다. 이런 식으로는 일이 진척되기 어렵고, 결국 무승부로 끝난다.

현재 크리스티네는 의사소통의 대안을 알게 되었다.

"내가 야근하고 와서 두 시간을 욕실에 쭈그리고 앉아 틈새를 깨끗이 닦고 있을 때, 당신은 인사도 하지 않고 집에 들어와 말 그대로 '여긴 돼지우리 같아'라고 하면(관찰), 나는 기분이 나쁘고 실망하게 돼(감정). 나도 내가 한 일에 대해 인정과 가치평가를 받고 싶은 욕구가 있기 때문이야(욕구). 그래서 나는 어떻게 하면 집안일을 더 잘할 수 있을지, 오늘밤 당신과 같이 곰곰 생각해보고 싶어(소망)."

이러한 종류의 의사소통의 명백한 장점은 이렇다.

- 객관적인 관찰을 통해 일반화하므로 반격당할 위험이 없다.
- 진정한 감정을 알림으로써 상대방이 이런 감정을 앗아 갈 수 없게 된다.

- 욕구는 상대방에게 현 상황을 분명하게 밝히고, 이해심을 불러일으킨다.
- 다시금 이러한 이해심은 상대방으로 하여금 당신의 구체적인 소망을 쉽게 실현해주게 한다.
- 그리고 당신이 아무에게도 마음의 상처를 주지 않고, 아무에게도 부당한 일을 하지 않는다는 사실이 매우 중요하다!

욕구를 알림으로써 상대방은 바로 또 다른 욕구인 명확함을 얻게 된다. 사람들이 명확하게 파악하고, 상황을 이해하고, 공감할 수 있을 때 비로소 그들은 그 일에 관여하고, 다른 사람에게 다가갈 준비가 된다. 이로써 자기 보고는 다른 이들이 당신의 문제를 지각할 수 있도록 돕고, 당신의 세계에 한 걸음 더 다가와 욕구를 알게 하는, 상대방에게 보내는 일종의 초대장인 셈이다.

생각하는 것 이상으로 나아진다

우리 책의 대부분은 변화를 다루고 있다. 당신은 이제 온갖 종류의 강박을 알게 되었다. 우리는 강박이 우리의 직업적인 환경에서 우리의 다른 삶으로 어떻게 점점 스며드는지 분석했다. 하지만 이러한 강박의 장점도 인식했다. 강박은 우리에게 어떤 구조를 제공함으로써 안정을 준다.

우리는 당신의 현재 모습에 대한 역할 내지는 내부의 다투기 좋아하는 싸움닭 같은 마음을 확인할 수 있었다. 발전의 기회를 제공해준다는 의미에서 갈등에 대한 새롭고 긍정적인 이해는 더 깊숙한 곳에 있는 영역인 욕구에 도달할 수 있게 해준다. 그사이 상이한 역할의 욕구는 서로 간에 보상하고, 당신은 즉각적인 실행을 위한 구체적인 요점을 간결하게 표현했다.

결론적으로 가장 본질적인 요점을 당신에게 알려주고 싶다. 당신이 자기애를 더 많이 허용할수록, 이 책에서 논의해온 것을 더욱 효과적으로 만든다는 것이다.

당신은 얼마나 자주 거울을 들여다보는가? 이때 어떤 느낌이 드는가? 적지 않은 사람들이 자신을 마주하는 것을 힘들어한다. 그것은 자기애와 관련이 있다. 자기애는 자의식이나 자신감과 밀접한 관련이 있다. 여기서는 이기심이나 나르시시즘이 아니라, 스스로 피부 속에서부터 기분 좋게 느낀다는 사실이 중요한 문제다. 또한 자신에게 관대하게 대하는 당신과, 당신의 가치를 높이 평가하면서 거울 속에서 자신을 관찰하는 당신을 스스로 용서할 수 있고, 그럴 용의가 있다는 사실이 중요한 문제다.

자기애는 계속 변한다. 때로는 강해지기도 하고, 때로는 약해지기도 한다. 본질적으로 자기애의 강도는 자신을 얼마나 잘 알고 있느냐에 달려 있다. 앞에서 우리는 당신이 자신의 내면에 좀 더 가까이 다가가는 데 기여했다.

물론 삶에서 모든 것이 그렇듯 그것은 상당한 양의 '일'을 의미한다. 하지만 우리는 이제 더는 일을 '다른' 영역과 구분하지 않는다. 이런 종류의 일은 재미를 주고, 항상 보답을 받는다. 왜냐하면 자의식이 강할수록, 스스로 자신을 더 많이 받아들이고 사랑할수록 삶에서 모든 것이 그런 만큼 쉬워지기 때문이다!

만약 자신과 다투는 힘든 상태에 있다면 엄청나게 많은 에너지를 소비하고 있는 것이다. 그럴 경우 정작 중요한 일에 쓸 에너지가 닳아버려 남아 있는 힘을 마음대로 쓸 수 없게 돼버린다. 그래서 우리가 함께 과정을 마친 후인 바로 지금, 다음 행동이 무척 중요하다. 자신을 사랑하면 언제나 목표를 실현할 만한 충분한 에너지를 갖게 된다. 충분한 에너지로 성공을 거둘 수도 있다. 이로써 자기애는 '선순환'을 하게 된다. 당신의 일이 잘되고 성공적일수록 당신은 더욱 자부심을 갖게 되고, 자신을 더욱 사랑할 수 있게 된다.

자기애는 인간이 태어나면서부터 얻은 권리다! 그것은 모두에게 본래 숨 쉴 공기처럼 너무나 명백한 것이다. 그것은 우리의 토대다. 그렇기 때문에 시간이 지남에 따라 자기애가 사라졌다 해도 원칙적으로 다시 소생시킬 수도 있다. 자발적으로 말이다. 자기애는 무척 빨리 성장할 수 있다. 당신은 거울 속의 자기 모습을 관찰하고 웃으며, 마음 깊은 곳에서 자신을 칭찬할 수 있다. 이런 이유에서 자신과의 화해가 중요하다.

더는 화해를 지체하면 안 된다

용서라는 주제에 대해 우리는 이미 이야기했다. 특히 화해의 편지를 쓰라고 제안하고 싶다. 당신은 그 이상의 일도 할 수 있다. 예컨대 자신에게 보내는 연애편지를 작성할 수 있다.

서두르지 말고 방해 요인을 모두 없애도록 하자. 버릇대로 아늑하고 편안한 저녁을 보내고 싶은 유혹을 느낄 수도 있으니, 야외로 나가 편안한 장소에서 맛있는 음료수를 한 잔 시키자. 그런 다음 연필과 종이 한 장을 집어 든다. 잠시 두 눈을 감고 내면의 눈으로 자신을 관찰하자.

스스로 가장 친한 친구거나 사랑하는 관계의 누구라고 상상해보자. 혹시 이렇게 시작될지도 모른다.

연애편지

"사랑하는 _____!

우리가 서로 알게 된 지 벌써 오랜 시간이 흘렀지. 그런데 유감스럽게도 서로에게 거의 시간을 내지 못하고 있어. 나는 오늘부터 너의 좋은 점에 대해 편지를 쓰면서 서로에게 집중하지 못했던 점을 완전히 의식적으로 바꾸려고 해."

그런 다음 당신의 장점과 함께 능력에 대해 작성해보자. 멋진 사건에 대한 이야기나 스스로 무척 자랑스럽게 생각한 상황에 대한 이야기도 쓸 수 있다. 자신에게 감사의 뜻을 표하고, 진심으로 안부를 전하자.

자신에게 보내는 편지를 물론 이메일로도 보낼 수 있다. 또는 집 주소를 쓰고 우표를 붙여 우체국에서 보낼 수도 있다. 다른 사람들에게 세세한 이야기를 퍼뜨릴 필요는 없다. 혹은 3주 내로 당신에게 편지를 보내달라고 믿을 만한 친구에게 부탁해보자. 그리고 그때까지 이런 편지를 보냈다는 사실을 잊자. 당신은 그만큼 놀라게 되고 그런 만큼 더욱 기쁨을 맛보게 된다. 편지 내용을 전혀 다르게 성찰할 수도 있다. 생각보다 이 편지로 인하여 자신에게 정서적인 영향을 끼치게 할 수 있다.

그러한 편지를 차분히 정기적으로 자신에게 쓰면 된다. 그러면 분명 자기애에 긍정적인 영향을 끼칠 것이다. 처음에는 그런 훈련이 당신에게 약간 생뚱맞고 어색할지도 모른다. 사실 당신의 삶에서 가장 중요한 사람은 당신 자신인 것을 감안할 때, 스스로 자신을 긍정적으로 주목하는 데 익숙지 않은 것은 무척 모순된다고 할 수 있다. 사람들은 스스로를 항상 너무 소홀히 다루고 있다.

물론 자신에게 연애편지를 쓴다고 해서 현실의 상황이 당장 바뀌지는 않는다. 그렇지만 당신의 기본 감정이 상당히 개선된다. 그 결과 당신의 마음이 긍정적으로 바뀌며 외부적으로도 긍정적인 작용을 하게 된다.

이 세상에서 당신을 가장 사랑하는 사람

사람들은 모두 서로 다르고 유일무이하다는 것을 잘 알고 있다. 그 때문에 우리는 당신의 개인적인 욕구를 부각시키는 데도 심혈을 기울이고 있다. 이와 동시에 모두가 우리의 작업 방식과 훈련에 서로 다르게 접근할 수도 있다. 그 때문에 우리는 다른 형태의 연애편지를 제공하려고 한다. 당신은 두 가지 훈련을 대안적으로 또는 자연스럽게 결합하여 실제에 적용할 수도 있다.

몇 주에 걸쳐 다음 훈련을 꾸준히 하고, 그런 후에 다시 하는 것이 가장 좋다. 그러면 정말 놀라운 일이 벌어진다. 아무런 방해도 받지 말고 될 수 있는 한 큰 거울 앞에서 자신을 바라보자. 그 앞에서 키가 커 보이게 차렷 자세를 하고. 그런 다음 당신이 왕자나 공주라고 상상해보자. 몸을 곧추세우고 두 어깨의 힘을 뺀 채 복부로 고르게 심호흡을 한다.

이 동작을 천천히 시작하고 상냥한 미소를 지으면서, 이 미소를 잠시 즐긴다. 그런 다음 거울에 비친 당신에게 다음과 같은 멋지고 사랑스러운 말을 해보자.

"난 현재 그대로의 내가 좋아."

"난 내가 있어서 기뻐."

"나는 순조로운 길을 걷고 있어."

이런 식으로 말을 계속해보자. 어색하거나 부끄럽다는 생각이 든다면 장난을 치면서 시작해도 괜찮다. 아마 처음에는 이런 훈련이 당신에게는 하나의 도전일 것이다. 하지만 어떻게 될지 누가 알겠는가?

저항이 있는 곳에 길이 있다!

당신이 특정한 사건을 위해 최고의 능률을 내고자 할 때, 예컨대 면접, 시험, 협상의 경우나 중요한 인물을 만날 때 이런 훈련이 탁월한 효과를 낸다. 당신이 삶을 지금 막 재편하는 중에 있으므로 다음 순간에는 그러한 초대장이 분명 당신을 기다릴 것이다. 당신의 그림자, 거울에 비친 당신의 모습 위로 뛰어올라 보자. 용기를 내길 바란다!

그리고 말이 나온 김에 몇 마디 덧붙이자면, 당신이 충만한 애정 관계를 원한다면 (당신의 새로운 생활 설계에서 그런 바람을 가질 수도 있다.) 이를 위한 가장 기본은 스스로를 사랑하는 것이다!

끝이 좋으면 모든 것이 좋다!

이 책은 한동안 당신에게 가는 길 안내자였다. 우리는 강박의 세계에서 자유와 홀가분한 세계로, 당신의 행복이 있는 참된 삶으로 돌아가는 여행을 했다.

당신은 자신의 진정한 내적인 감정, 욕구, 소망을 스스로를 위해 재발견했다. 당신의 핵심에 이처럼 집중함으로써 당신의 역할에서 벗어나, 동시에 생활 영역의 인위적이고 유해한 구분을 멀리하게 되었다. 당신은 통일체가 된다. 그사이에 당신은 더 이상 전혀 아무것도 강제로 할 필요가 없다! 이제부터는 그냥 더 할 수 있거나 해도 될뿐이다.

그런데 단 한 가지 사실만은 유념해야 한다. 당신의 내적인 자아와 계속 만나고, 자신의 심적 상태를 언제나 아주 진지하게 받아들여야 한다. 그것이야말로 궁극적으로 만족과 성공의 보증수표이자 행복의 보증인이다.

이 모든 과정과 당신의 전도유망한 앞날에 힘을 실어주기 위해 어떤 세리머니를 준비했다. 그러한 의식은 고도의 상징적 의미를 띤, 정해진 규칙에 따라 진행되는 성대한 축제 행위다. 이 의식은 정서적인 구속력을 낳는다. 우리의 의뢰인들은 이것을 어떻게 생각했는지 알려주겠다.

크리스티네는 그녀의 현재 모습 사진을 크게 확대해서 인화했다. 그것으로 배를 접은 다음, 그 배에 작은 양초를 넣고는 남편과 함께 소풍을 가서 그것을 강물에 띄운다. 마찬가지로 확대한 목표 사진을 작은 배로 접어 침실 장롱에 올려둔다. 잠들 때나 일어날 때 그녀는 그 안에 자신의 새로운 삶이 담겨 있음을 상기한다.

알렉스는 어느 주말에 특별히 시간을 내서 포르쉐를 빌려 여자친구 리자와 함께 부모님을 뵈러 함부르크로 간다. 그는 집에 포르쉐 모형을 갖고 있다. 그는 이것을 그의 새로운 삶을 위한 상징으로 자신의 책상 위에 올려놓고, 그것을 보면서 항상 자신의 목표를 떠올린다.

이제 마지막으로 당신의 차례다. 1,001개의 가능성이 있다는 게 물론 당신 자신의 의식에도 다시 적용된다. 당신이 구체적인 계획에 들어가면 특히 다음과 같은 질문을 할 수 있다.

* 의식을 통해 달성하고 싶은 게 무엇인가?
* 어디서 의식을 치르고 싶은가?
* 그때 그곳에 누가 있으면 좋겠고, 어떻게 초대하면 될까?
* 어떤 이미지, 상징을 활용하고 싶은가?
* 누가 그 의식을 이끌 것이며, 어떤 식으로 연출할 것인가?
* 언제 의식을 치를 것이며, 얼마나 오랫동안 할 것인가?
* 음식, 음료, 음악, 노래, 연설, 시, 주문 등의 조건은 어떻게 할 것인가?

당신의 창의성에는 어떠한 한계도 없다. 변화 과정에 밑그림이 되는 것이라면 무엇이든 다 좋다. 특정한 상황과 작별을 고하고, 다른 상황을 맞아들이는 것, 요컨대 당신의 새로운 삶을 진정한 자유 속에서 상징하는 것이면 무엇이든 다 좋다!

우리는 그저 당신이 잘되기만을 바랄 뿐이다!

내 모습대로 살아가는 행복

1970년대부터 독일어권에서 자아실현을 해야 한다는 주장이 유령처럼 떠돌고 있다. 자아실현은 누구에게나 바람직하고, 누구나 그것을 일구어 내야 하며, 자아실현이 이루어져야 지상에서의 행복이 증가한다고 한다. 사실 그 말은 잘못된 것이다. 1928년 카를 융의 저서에서 처음 등장하는 자아실현이라는 용어가 유행어가 된 것은 1949년 에리히 프롬에 의해서였다. 그는 『정신분석과 윤리』에서 인간의 핵심적인 과제란 "자신의 본질이 터져 나오도록 하고, 자신 속에 잠재된 것을 실현하는 것"이라고 주장했다. 프롬의 이러한 주장은 '세계혁명'과 자유로운 사랑을 주장하는 '68세대'에도 큰 영향을 미쳤는데, 귄터 그라스는 개인적인 것과 자아실현을 지나치게 강조한 그들이 "사회를 좀더 투명하게 만들고 인습과 관습에서 벗어나게 한 것은 사실이지만, 부분적으로 사회를 보다 무책임한 풍조로 이끌었다"라고 비판한다. 특히 다른 사람들과의 경쟁을 통해 자아실현을 하려는 사람들은 통계적으로 실패할 확률이 아주 높고, 너무나 많은 자아들과의 경쟁에서 탈진한 사람들은 대체로 우울증에 시달리기 쉽다.

2009년 독일에서 일찍 연금 생활에 들어간 사람들의 삼 분의 일이 훨씬 넘는 비율이 정신질환자였다. 1993년에는 그런 사람이 13퍼센트에 불과했다. 독일 근로자의 약 70퍼센트가 성과 능력의 한계 지점에서 일하고 있다고 한다. 이미 오늘날 수백만의 사람들이 일상적인 직장 생활에서 더 많은 성과를 내기 위해 인위적으로 약을 복용하고 있는데, 이는 정상적인 정도를 넘어서는 일이고, 사실 인간적인 한도를 넘어서는 일이다.

또한 독일에서 집중력 강화제인 리탈린의 소비가 1990년대 이래로 50배나 증가했다고 한다. 그렇지만 약제로 점점 더 많은 성과를 내려고 자신을 채찍질하는 사람은 자신의 성과 한계를 잘못 파악하게 된다. 그리하여 적지 않은 사람들이 일하다가 일 때문에 쓰러진다.

최근 조사에 의하면 독일 직장인의 90퍼센트가 직장에 전혀 유대감이 없거나 아주 조금만 유대감을 느낀다고 한다. 4명 중

1명은 마음속으로 이미 사표를 낸 상태이며, 업무 중 회사의 이해관계에 반하는 행동도 한다. 심지어 개인용 컴퓨터나 최신 전자기기까지 집에 가져가는 사람도 있다고 하니 복사 용지나 인스턴트 커피를 몇 봉지 가져가는 것은 차라리 애교에 속하겠다.

그러나 어디서 어떤 일을 하든 불만은 생기는 법이고, 많은 사람과 더불어 살아가는 우리의 현실에서 만족할 수 있는 환경은 없다고 할 수 있다. 남과의 상대적인 비교를 통해 불만과 불평이 생기게 된다. 문제는 내가 어떻게 생각하고 행동하느냐에 달려 있다. 현대인은 직장 생활을 하면서 자아실현은커녕 자신의 진정한 모습을 잃어간다.

프란츠 카프카의 중편 『변신』의 주인공 그레고르 잠자는 해충으로 변신하면서 가족의 생명줄인 일자리를 잃고 가족을 충격과 절망에 빠트린다. 그는 출장 영업이라는 일을 지긋지긋하게 생각해서 다른 것으로 자아실현을 하려고 꿈꾸었다. 그런데 그 꿈이 해충이라는 그로테스크한 현실로 변모되어 나타났다.

한편 헤르만 헤세는 『데미안』의 머리말에서 자신의 모습 그대로 살아가는 것의 어려움을 토로하고 있다.

"내 속에서 솟아 나오려는 것, 바로 그것을 나는 살아보려고 했다. 그런데 그것이 왜 그토록 어려웠을까."

우리는 가치의 기준을 자신이 아닌 타인에게서 구하고 있다. 자신의 행복도 타인의 눈에 비친 자신의 모습에서 찾는다. 그런 사람은 진정한 행복을 얻기 어렵다. 타인의 견해와 생각의 노예가 되어 칭찬을 갈구하는 사람은 하찮은 말에도 기가 꺾이기 때문이다. 걸핏하면 상처받는 병적으로 민감한 자존심의 밑바닥에는, 뻐기는 태도뿐만 아니라 우리의 모든 허영과 허세의 밑바닥에도 남이 나를 어떻게 생각할까 하는 우려가 자리하고 있다.

반면, 스스로 자기의 내부에서 높이 평가할 때 자긍심이 생기고, 남에게서 높은 평가를 받으려 할 때 허영심이 생긴다. 쇼펜하우어에 의하면 행복은 꿈에 불과하지만, 고통은 현실이므로 덜 불행하게 사는 것, 즉 그럭저럭 견디며 사는 것이 필요하다. 인생이란 향락을 즐기기 위해서가 아니라 고통을 이겨내고 처리하기 위한 것이다. 그런 의미에서 보면 가장 행복한 운명을 타고난 사람은 정신적으로도, 육체적으로도 그다지 큰 고통을 겪지 않고 살아온 사람이지, 대단히 큰 기쁨이나 엄청난 쾌락을 맛본 사람이 아니다.

고통이 없다는 것은 삶의 행복을 재는 잣대이다. 무료함 없이 고통 없는 상태에 이르렀다면 사실상 지상의 행복에 도달했다고 할 수 있다.

견유학파가 모든 향락을 배척한 이유도 향락에는 다소 고통이 따른다는 사실을 감안하고, 향락을 얻기보다는 고통을 피하는 편이 훨씬 중요한 것 같다고 여겼기 때문이다. 사실 너무 불행해 지지 않으려면 너무 행복해지려는 요구를 하지 않는 것이 가장 확실한 방법이다.

그래서 쇼펜하우어는 어떤 일이나 상태에 큰 기대를 걸지 않을 것을 요구한다. 헛된 기대를 걸면 그만큼 실망하기 쉽기 때문이다. 헛된 기대를 품지 않으면 이 세상의 어떤 것도 얻고자 열렬히 애쓰지 않을 것이고, 어떤 일을 그르친다 해서 크게 탄식하지 않을 것이다. 세상은 고약한 상태에 있다. 사나운 것들은 서로를 잡아먹고, 순한 것들은 서로를 속인다.

인간의 삶은 두 가지 중요한 측면, 즉 주관적인 내적 측면과 객관적인 외적 측면을 갖고 있다. 행복과 고통, 기쁨과 슬픔은 전자에 해당하고, 미덕과 영웅성, 정신적 성취는 후자에 해당한다. 그리스인들은 밖으로 표출되는 미덕을 멋있게 보았다. 사람들 간의 차이는 이 객관적 측면에서만 두드러지게 나타난다.

그러나 객관적 측면에서 보았을 때 으뜸가는 사람일지라도 주관적 측면에서 보았을 때는 다른 사람들과 별반 다르지 않다. 그에게도 행복이란 없으며 고통만이 있기 때문이다. 그러기에 괴테도 드라마 『토르콰토 타소』에서 "그대가 바라보고 있는 월계관은 행복의 표식이라기보다는 고통의 표식이다"라고 말한다.

인간은 다른 사람처럼 되려고 하다가 자신이 지닌 잠재력의 대부분을 상실하고 만다. 우리 스스로 자신의 주인이 되기 위해서는 스스로 생각하기, 즉 주체적인 사고가 필요하다. 칸트는 "철학함이란 누군가의 사상을 모방하는 것이 아니라 스스로 생각해야만 하는 것이다"라고 말한다. 그것은 내 삶의 주인공이 되는 것이다. 주인공은 불교에서 득도한 인물을 뜻하는 용어로, 외부 환경에 흔들리지 않는 참된 자아를 뜻한다.

쇼펜하우어는 진정으로 주체적인 사고를 하는 사람은 군주와 흡사하다고 말한다. 군주는 모든 일을 자신이 직접 결정하며, 자신을 넘어서는 사람, 그 누구도 인정하지 않는다. 그의 판단은 군주의 결정처럼 자신의 절대적 권력에서 유래하며, 자기 자신에게서 직접 출발한다.

왜냐하면 군주가 타인의 명령을 인정하지 않는 것처럼 주체적인 사고를 하는 사람은 권위를 인정하지 않으며, 그 자신이 재가한 것 말고는 아무것도 효력을 인정하지 않기 때문이다. 반면에 온갖 종류의 지배적인 견해, 권위, 편견에 사로잡힌 속된 두뇌의 소유자는 법이나 명령에 묵묵히 복종하는 민중과 같다. 자신을 자신의 생각의 군주로 여기는 도덕이 곧 주인도덕이다. 쇼펜하우어의 이러한 생각은 가치의 기준을 자기에게서 구하고 주체적인 사고를 하는 니체의 초인, 차라투스트라를 선취하고 있다.

이 책은 제1부에서 여러 가지 강박의 모습을 보여주고, 제2부에서 이러한 자기 구속에서 벗어나는 해방 전략을 자세히 알려준다. 행복한 삶을 위해서는 무조건 좋은 결과만을 추구하는 집착증에서 벗어나야 하고, 목표 이외의 다른 것들과 조화를 이루려는 계획 설정이 필요하며. 주변 사람을 소중히 여기는 마음을 가져야 한다.

자세히 관찰해보면 우리의 욕구에는 자신의 그것과 타인의 그것이 섞여 있음을 알 수 있다. 그리고 강제에 대해 비웃을 수 있는 자는 그것에서 벗어날 수도 있다. 우리가 어떤 욕구를 지니고 있으며 왜 그것을 억압하고 있는지 일단 우리 자신을 위해 해명해야 한다. 강박은 인류만큼이나 오래되었지만, 사회와 더불어 변하고 있다. 신체적인 강제를 당하고 있거나 생존을 위해 투쟁하는 사람들은 보통 자신의 자아실현의 정도나 다른 사치스러운 문제에 대해 신경 쓰지 않는다.

폴커 키츠와 마누엘 투쉬는 이 저서에서 직장인이 직장 생활의 여러 가지 강박, 즉 성과 강박, 스트레스 강박, 의미 부여 강박, 완벽 강박, 균형 강박, 자아실현 강박에서 벗어나 자유롭게 사는 법을 안내하고 있다. 즉, 이 책은 자신에게 부과된 여러 가지 강제에 맞서게 해주고, 당신의 삶을 다시 스스로 손아귀에 쥐는 방법을 설명해준다.

두 심리학자는 현대 직장 세계가 어떤 질병에 걸려 있는지 예리하고도 논쟁적으로 분석하고, 최신의 연구 결과를 가지고 그 테제를 뒷받침한다. 그들은 직장이나 상사에 대한 불만을 가진 사람들에게 자기 인생을 스스로 바꿀 수 있는 긍정 에너지를 키우라고 주문한다. 즉, 마음가짐을 변화시키지 않는 한, 어디에서 누구랑 일하든 직장에 완전히 만족할 수 없다. 문제는 불만을 품은 자기 자신에게서 출발하기 때문에 자신의 마음과 시각을 바꿔야만 문제가 해결된다는 것이다.

우리나라의 직장인도 매년 더 높은 목표를 달성하라는 성과 강제와 성공 강박에 시달리고 있다. 하루의 길이는 그대로이지만, 우리가 같은 시간에 해야 하는 일의 양은 점점 늘어난다. 또한 우리는 성과를 토대를 평가받으며, 늘 남들과 경쟁하고 비교 당하며 살아왔기에 도대체 인생의 성공이 무엇인지 정의하지도 않은 채 자신보다 나은 사람과 비교하기만 하면서 성공해야 한다는 강박 관념에 시달린다.

헤르만 헤세의 소설 『수레바퀴 밑에』의 주인공 기벤라트도 경쟁 위주의 마울브론 신학교에 적응하지 못하고 집에 돌아온다. 그는 집에서 무위도식하다가 아버지의 권고로 탑시계 공장에 들어갔는데 공장에서 야유회를 가서 처음으로 술을 마신 뒤 발을 헛디디고 강물에 빠져 익사하고 만다. 마치 사회라는 달리는 말

위에서 떨어져 낙오하면 결국 죽음을 맞이하는 것처럼.

이 책의 두 저자는 우리도 겉으로는 자유를 만끽하면서 살고 있다지만 실은 자유롭지 못하고, 우리 자신을 위한 일을 하지 못하며 예전보다 오히려 더 불행한 삶을 살고 있으며, 우리가 다람쥐 쳇바퀴 돌기 저주의 희생자들이라고 주장한다. 현대의 직장인은 일 스트레스뿐만 아니라 여가 스트레스를 받기도 하고, 번듯한 직업이 있어야 삶에 의미와 가치가 있는 것으로 인정되기도 한다.

또한 일을 완벽하게 해야 하고, 뿐만 아니라 일과 여가 시간의 균형도 맞추어야 한다. 그 결과 현대인은 지속적이고 반복적으로 수행되는 과도한 업무들에 치여 모든 에너지가 소진되어 버리고, 업무에 대한 의욕이 떨어지는 번아웃 현상이나 직장에서 겪는 지루함과 단조로운 업무로 생기는 보어아웃 현상에 시달리기도 한다.

폴커 키츠와 마누엘 투쉬는 우리가 깊은 내면에서 정말 원하는 것이 무엇인지 알아내는 제안을 발전시킨다. 자신의 욕구를 인식하는 것이 강박에서 벗어나는 열쇠다. 우리가 원하는 것이 무엇인지 실제로 인식했다면 이를 가족이나 우리 주변의 다른 사람들에게 알리고, 보다 커다란 갈등을 초래하지 않고 자신의 내적인 소망을 현실화하는 방법을 상의해야 한다. 저자들은 자기 코칭 프로그램에서 자신의 욕구를 재발견해서 실현하도록 지도한다.

이때의 본질적인 인식은 당신의 소망을 잊고 그 대신 그 뒤에 숨어 있는 욕구를 찾으라는 것이다. 왜냐하면 각각의 욕구에는 다시 그것을 충족시키는 적어도 열 개의 다른 성질들이 있다. 이로써 우리는 우리 자신의 소망을 물리치고 결국 모든 것을 성취할 수 있다.

또한 두 심리학자는 이 책에서 다람쥐 쳇바퀴 돌기라는 악순환을 선순환으로 바꾸는 방법을 설명한다. 그러기 위해 우리는 특히 갈등과 곤경에서 빠져나와 확언을 해야 하고, 예컨대 매일 밤 잠들기 전에 우리가 행복하다고 설득해야 한다. 그리고 우리가 과거에 살고 있지 않음을 분명히 지각하고, 지금 이 순간을 살도록 해야 한다. 지나간 과거에 대한 후회는 아무런 도움이 되지 않는다. 나중에, 먼 미래에 행복해지는 것이 아니라 지금 이 순간에 행복해져야 한다. 현재를 즐기는carpe diem 사람만이 행복한 미래를 맞이할 수 있다.

마침내 우리는 우리가 태어날 때부터 행복할 권리를 지니고 태어났음을 알게 된다. 다른 말로 하자면 우리 영혼이 우리가 행복하기를 바란다고 할 수 있다. 그렇게 하도록 우리가 긍정적인 사고방식을 갖고 우리의 영혼을 도와주며 자기애를 갖는 게 필요하다. 이처럼 독자는 이 책을 통해 강박의 세계에서 자유와 홀가분한 상태로, 우리의 진정한 삶으로 되돌아가는 여행을 하고, 자기 자신을 위해 우리의 진정한 내적인 감정, 욕구와 소망을 다시 발견하게 된다.

이 책이 독자로 하여금 자신의 삶을 되돌아보고 더 많은 행복과 만족을 얻는 실제적인 발걸음을 하도록 하는 데 기여한다면 목적을 달성한 셈이다. 그 방법이 촉매제가 될 수 있고 마지막에 합리적이고 실제적인 충고를 담고 있다는 점에서 유익하고 좋은 책이라 할 수 있다. 이 책은 구체적 훈련법을 알려주고 있고, 그 해답이 구체적이며 실천 가능한 현실적인 방법이라는 점에서 누구나 공감할 수 있을 것이다.

홍성광

옮긴이 홍성광

서울대학교 인문대 독문과 및 대학원을 졸업하고, 토마스 만의 장편 소설 『마의 산』의 형이상학적 성격으로 박사학위를 취득하였다. 저서로는 『독일 명작 기행』 『글 읽기와 길 잃기』가 있으며, 역서로는 쇼펜하우어의 『의지와 표상으로서의 세계』 니체의 『니체의 지혜』 『차라투스트라는 이렇게 말했다』 등이 있다.

인생 리셋하고 싶을 때 읽는 심리학 ————

지금과 다른 삶이 가능하다면

초판 1쇄 발행 2023년 7월 10일

지은이 폴커 키츠·마누엘 투쉬
옮긴이 홍성광
펴낸이 김선준

편집본부장 서선행
책임편집 심미정(casey@forestbooks.co.kr) **편집2팀** 박유경 **디자인** 김예은, 엄재선
마케팅팀 권두리, 이진규, 신동빈
홍보팀 한보라, 이은정, 유채원, 유준상, 권희, 박지훈
경영지원 송현주, 권송이

펴낸곳 ㈜콘텐츠그룹 포레스트 **출판등록** 2021년 4월 16일 제2021-000079호
주소 서울시 영등포구 여의대로 108 파크원타워1 28층
전화 02)332-5855 **팩스** 070)4170-4865
홈페이지 www.forestbooks.co.kr
종이 ㈜월드페이퍼 **출력·인쇄·후가공·제본** 한영문화사

ISBN 979-11-92625-59-1 (03320)

㈜콘텐츠그룹 포레스트는 독자 여러분의 책에 관한 아이디어와 원고 투고를 기다리고 있습니다. 책 출간을 원하시는 분은 이메일 writer@forestbooks.co.kr로 간단한 개요와 취지, 연락처 등을 보내주세요. '독자의 꿈이 이뤄지는 숲, 포레스트'에서 작가의 꿈을 이루세요.